해외 한국학 연구의 현황과 전망

-몽골·중국·러시아·일본-

∷사사표기 안내

부처명	구분	사사표기
교육부	국문	이 저서는 2017년도 정부(교육부)의 재원으로 한국연구재단의 지원을 받아 수행된 연구사업임(NRF-**2017S1A6A3A02079082**)
	영문	This research was supported by Basic Science Research Program through the National Research Foundation of Korea(NRF) funded by the Ministry of Education(grant number)
소속		**원광대학교 한중관계연구원 동북아시아인문사회연구소**

NORTHEAST ASIA DIMENSION

동·북·아·다·이·멘·션
연구총서

1

해외 한국학 연구의 현황과 전망

몽골 | 중국 | 러시아 | 일본

원광대학교 한중관계연구원
동북아시아인문사회연구소 편

발 간 사

이 저서는 한국연구재단의 인문한국플러스(HK+) 해외지역연구사업의 지원으로 원광대학교 한중관계연구원 동북아시아인문사회연구소 HK+연구단이 동북아시아다이멘션의 연구 토대를 구축하기 위해 수행한 1단계 연구의 첫 번째 성과물이다. 원광대학교 HK+동북아다이멘션연구단은 2017년 "동북아 공동번영을 위한 동북아시아다이멘션(NEAD) 토대 구축: 역사, 문화 그리고 도시"라는 아젠다로 인문한국플러스 사업에 선정된 이후 역사적 경제적으로 매우 밀접한 관계에 있으나 정치적으로 갈등과 분쟁이 끊이지 않는 동북아지역의 새로운 지역공동체와 지역협력 방안을 모색하여왔다. 또한 본 연구단은 동북아시아 지역의 당면한 현실 문제들, 즉 동북아 패권 경쟁, 영유권 다툼, 기억의 정치, 그리고 북한안보문제 등 지정학, 지경학적 문제들을 해결하기 위한 실천적 방안을 제시하여 궁극적으로 동북아 공동 변영을 위한 "동북아시아다이멘션(North-East Asia Dimension)"의 토대를 구축하고자 한다.

이러한 연구의 일환으로 원광대학교 HK+동북아다이멘션연구단은 "동북아시아다이멘션(NEAD) 제1차 국제학술회의 : 동북아시아의 한국학 연구 동향과 쟁점 그리고 전망(2018년 10월 18일)"을 개최했다. 이 학술회의는 새로운 차원의 동북아 공동체를 모색하기 위한 기반으로서 몽골· 일본· 러시아·중국 등지의 해외 한국학 연구 현황을 파악하고자 하는 취지에서 기획되었다. "동북아시아다이멘션(North-East Asia

Dimension)"의 토대를 구축하기 위한 첫 걸음으로 동북아시아 해외지역에서 한국학의 역할과 전망을 분석하는 것은 매우 중요한 작업일 것이다. 그리고 그 성과를 연구총서로 발간하여 사회에 발산함으로써 한국과 동북아시아, 동북아시아와 한국이 바라보는 시선의 교차점을 찾아나가고자 하였다. 앞으로도 본 연구단은 활발한 학술회의와 연구사업의 결과를 연구총서로 발간하여 확산함으로써 동북아시아의 평화와 번영의 토대를 마련하는데 기여할 것이다.

동북아시아는 공통의 사상과 문화를 바탕으로 교류가 활발했던 지역임에도 불구하고, 19세기 이후 제국주의 및 냉전의 시대를 거쳐 신냉전이라고 일컬을 수 있는 오늘날에 이르기까지 국가 간의 분쟁과 갈등이 끊이지 않았던 것이 사실이다. 가령 1978년 12월 중국공산당 제11기 3중전회(三中全會)에서 시작된 개혁개방 정책으로 1980년부터 본격적으로 과학기술·교육·문화 분야의 개혁개방이 시작되었지만 냉전 시기를 거치면서 중국은 조선민주주의인민공화국과의 교류협력에 익숙했고, 중국인들에게 대한민국은 여전히 "아주 낯설고도 이질적인 존재였다." 칸트가 『세계시민적 관점에서 본 보편사의 이념』에서 "완전한 시민 조직체를 건설하는 문제는 법적인 외적 국가관계의 문제에 의존하며, 후자(외적 국가관계)의 해결 없이는 전자(완전한 시민 조직체)도 해결될 수 없다"고 논의한 바 있듯이, 동북아시아의 국제정세는 각국 대학 연구소와 연구자 간의 교류 및 학술 조직의 형성에도 직·간접적인 영향을 끼쳤으며, 따라서 향후 보다 건설적인 학술 네트워크를 형성하고 이를 바탕으로 동북아시아의 평화 공동체를 구축하기 위해서는 국가 상호 간의 외적 관계가 보다 안정될 필요가 있다.

현 시점에서, 새로운 차원의 동북아 공동체를 모색하기 위한 각국 연구자들의 노력은 부단히 지속되고 있다. 일본의 경우 1941년 도쿄제국대학에 설치된 동양문화연구소, 1952년 카쿠슈인대학에 설립된 동양문화연구소를 통해 조선연구의 성과를 축적했고, 현재도 수준 높은 개별연구를 진행하고 있다. 리쓰메이칸대학 코리아센터는 동아시아 연구 네트워크에 입각한 '역사화해전문가 회의'를 통해 갈등과 대립을 최소화하고 "상호이해=공공의 기억"을 형성함으로써 동아시아의 평화를 구축하고자 노력하고 있으며, 특히 리쓰메이칸 아시아·일본연구추진 프로그램에 입각하여 "국제적이며 종합적인 시야에 입각한 북한연구를 확립"하고자 한다.

러시아 및 극동지역의 경우, 톨스토쿨라코프가 언급한 바 있듯이 장치혁 회장과 한국국제교류재단, 한국학중앙연구원의 지원으로 한국학 연구가 진행되고 있으나 현재 한국학을 비롯한 동양학 분야 연구는 전반적으로 재정적 위기에 처해 있는 실정이다. 열악한 지원 하에서도 한국어와 어문학 연구를 지속하고자 하는 소수 러시아인들의 학자적 사명감에 경의를 표한다.

몽골의 경우, 1960-1970년대 "북한학"의 이름으로 몽골 내 한국학 기반이 마련되었고, 한국의 경제성장으로 인한 경제학 분야의 연구 교류가 있었다고 한다. 특히 주목할 만한 내용으로는 엥흐사이항과 락바 등의 학자들이 "북한의 비핵화, 남북통일, 한반도 평화 등 문제와 관련해서 동북아시아에서 한국과 몽골의 국제관계의 방향"을 논의한 것을 들 수 있다.

중국의 경우, 윤혜연이 지적한 바 있듯이 한국학과 관련하여 다음과 같은 문제점들을 개선해야 한다. 첫째, "실용중심주의적 어학기능 교육"에 대한 지양의 필요성이다. 한국학이 어학기능 교육에 국한되어서는 안 될 것이다. 둘째, 한국어 구사 가능한 한국학 연구자들이 90% 한국학과에 포진되어 있는 것은 "양날의 칼"과 같아 "편협한 어학기능위주의 훈련 및 관련 교육방법에 대한 실용적인 탐구에만 안주하도록 만들었다." 반면 역사·철학·중문·국제관계 등 관련 학과에 재직하는 연구자들 90%가 한국어를 구사할 수 없고 원전 해독도 불가능하며 연구에 한국 내 주요 일간지들의 중국어판 홈페이지 기사들을 인용해 논문을 쓰고 있다는 문제는 개선될 필요가 있다. 셋째, 한류문화가 "도식적이고도 감성적"이어서 한국문화에 대한 오해와 편견에 일조할 수 있다는 점 또한 개선되어야 한다. 중국의 한류 마니아들은 "한국에 대한 객관적이고도 종합적이며 이성적인 인식이 결여되어 있기 때문에 진정한 지한파가 되기는커녕 오히려 바람 앞의 갈대와도 같이 올바른 구심점을 형성하지 못하고 있을 뿐만 아니라, 양국 간의 오해와 갈등을 해소하는 데 적극적인 역할을 제대로 하지 못하고 있는 것"이다. 넷째, "21세기 동북아 평화번영의 시대를 진정 열어 나가기 위해서는 동아시아 문명의 동질성 확인과 공감대 회복이 무엇보다 우선시 되어야" 한다. 이를 위해 윤혜연은 "문학 · 역사 · 철학 제 분야를 아우를 수 있는 폭넓고도 깊이 있는 인문학 교육이 각국 대학에서 제대로 이루어져야 한다"는 것을 강조하고 있다.

한편, 김태국은 중국의 한국학 연구에서 연변대학교가 차지하는 위상을 밝힌 바 있다. 김태국에 따르면 연변대학교의 한국학 연구는 "조선족 학자가 주체가 되어 언어적, 민족적, 지역적 우세를 충분히 활용하면서 추진"되었고 조선족 학자들의 한국학 연구에는 고국의 역사와 문화에 대한 애정이 스며들어 있다고 한다.

위와 같이 동북아시아 각국의 한국학자들은 타 국가와의 학술교류 및 상호 이해를 통해 새로운 차원의 공공 기억들을 축적해 가는 한편, 평화 공동체를 구축하기 위한 노력들을 지속적으로 선보이고 있다. 이러한 노력들이 국제적으로 충분한 공감대를 형성하고, 나아가 역사적 갈등과 대립을 종식시키기 위한 국가 상호 간의 정책적 노력과 맞물림으로써, 동북아시아의 공동 번영에 실질적으로 기여할 수 있기를 기원한다.

끝으로 이 총서가 나올 수 있도록 학술회의에 기획을 주도한 정호기 선생님과 대회에 참석하시고 옥고(玉稿)를 제공해 주신 이규수, 김태국, 이고리 톨스토쿨라코프, 윤혜연, 카츠무라 마코토, 신난딩 선생님과 토론자 유지원, 문준일, 유지아, 두게르잡 비지야 선생님께 깊은 감사의 마음을 전한다.

2019년 6월

원광대학교 한중관계연구원 원장 염승준

차 례

II. 동북아 지역 한국학 연구 동향

Ⅰ. 동북아 지역 한국학 연구기관 현황

한국과 몽골의 관계 변화와 한국학 연구 및 연구기관의 동향

신난딩*

1. 머리말

몽골과 한국의 관계가 13~14세기에 가장 활발히 이뤄졌다는 사실을 『고려사』 등 옛 고전 기록들을 통해 확인할 수 있다. 몽골 학자 소미야바아타르는 『고려사』에 나오는 13세기 몽골제국에서 고려에게 보냈던 300개의 조서와 공문에 대한 연구를 통해 한국이 "중세 시대 몽골사와 관련해 귀중한 도서관" 역할을 한다고 주장한다.[1] 이것은 몽골과 한국이 고대시대부터 정치·경제·사회·학문 등 폭넓게 관계를 맺고 있었음을 보여준다. 현대에 들어와서 한국과 몽골의 관계는 냉전 시대의 영향으로 인해 잠시 침체되었다가 1990년 3월 26일 다시 수교함에 따라 사회 모든 분야에서 교류가 증가하고 있다. 1999년 김대중 대통령, 2006년 노무현 대통령, 2011년 이명박 대통령, 2016년 박근혜 대통령이 몽골을 방문했다. 몽골 측에서는 1991년 오치르바트 대통령, 2001년 바가반드 대통령, 2007년 엥흐바야르 대통령, 2016년 엘베그도르즈 대통령이 한국을 공식 방문했다. 이처럼 냉전 시대로 인해 단절

* Б. Нандинцэцэг, 전남대학교 5.18연구소 연구원

1) Ч.Сумьяабаатар, "Солонгос бол Дундад зууны Монголын ховор номын сан", 『Солонгос судлал』, 2016, pp. 16~27.

되었던 한국과 몽골의 공식적 관계는 경제적·정치적 측면에서 우호적이고 협력적인 관계를 발전시키고 있다.

2000년 이후부터 몽골과 한국 양국의 관계는 공식적인 수준뿐만 아니라 민간의 사회적 교류를 통해서도 활성화되어 왔다. 냉전 시대를 탈피해 세계화 시대로 접어들면서 몽골사회는 개혁개방을 통해 해외로의 이주가 증가했다. 몽골통계청 자료에 따르면 인구의 4%(107,140명)가 해외에 거주하고 있다. 해외 몽골인구를 국가 별로 살펴보면 27.6%는 한국, 15.9%는 미국, 6.8%는 체코, 6.8%는 중국, 5.0%는 일본, 4.7%는 러시아, 33.2%는 독일, 영국, 프랑스 등 국가에 거주하고 있는 것으로 나타나고 있다.[2] 여기에서 주목할 점은 해외 몽골인구의 대부분이 한국에 거주하고 있다는 사실이다. 그들은 유학, 노동이주, 결혼이주, 의료치료 등 다양한 목적으로 한국에서 거주하고 있는 것으로 나타나고 있다.

세계화globalization란 경제적·정치적·문화적 관계에 있어서 국가 간에 장벽을 허물고 문호를 개방하는 것을 의미한다. 세계화는 통신기술의 발달로 인해 지구 곳곳에 침투하고 있다. 통신의 발달과 정보의 빠른 전송으로 인해 남북정상회담에 대한 뉴스를 세계인들이 실시간으로 지켜보면서 정치의 세계화를 경험한다. 금융·투자·교역 등 국가 간의 상호의존도가 높아지면서 경제영역의 세계화가 더욱 확산되고 있다. 노동인력 부족으로 몽골에서 한국으로 노동이주가 증가하고 있는 반면에 몽골에서는 노동인력의 부족에 직면하고 있고, 몽골노동시장에는 중국 노동인력이 유입되고 있다. 이처럼 노동인력의 이동은

2) 몽골통계청은 인구주택 총조사를 10년마다 하고 있다. 2010년에 몽골정부가 공식적으로 시행한 인구주택 총조사에서는 처음으로 '해외 거주하는 몽골인들' 항목을 포함시켰다(Үндэсний статистикий н газар, Хүн ам, орон сууцны 2010оны улсын тооллого, Гадаадад оршин суугаа Монгол Улсын Иргэд, 2011).

한국경제와 몽골경제 관계를 보다 더 긴밀하게 만들고 있다. 뉴스, 영화, TV프로그램, 광고, 대중음악 등 인터넷을 통해 세계적으로 문화가 신속하게 확산되고 있다.

경제적·정치적·사회적·문화적 세계화 과정은 몽골과 한국 양국 간에 학술적 연구 교류의 필요성을 요청하고 있다.[3] 몽골과 한국의 교류가 전방위적으로 확대됨에 따라 이에 부응하여 학술 교류도 더욱 광범위한 영역으로 확장되고 있다. 특히 몽골에서의 한국학 분야도 한국어 교육에 머물지 않고 인문학·사회학·자연학 등 다양한 분야에서 활성화되고 있다. 이에 이 글에서는 몽골의 한국학 연구가 다양한 분야에서 어떻게 전개되고 있는지를 살펴보고자 한다. 첫째, 몽골국립아카데미와 몽골국립대학교 한국학과, 몽골인문대학교 한국어학과 등에서 이루어지고 있는 공동연구, 국제학술대회, 인적교류, 연구논문 등의 학술적 교류를 고찰한다. 둘째, 인문학 분야 중에서 역사학·경제학·정치학 분야에서 한국학 연구가 어떻게 진척되고 있는지 살펴본다. 셋째, 사회학 분야에서 한국으로의 이주migration 현상이 세계화와 맞물려 어떻게 진행되고 있는지를 분석하는 연구들에 대해 소개한다. 마지막으로, 자연학 분야에서 고생물학적 공룡연구 및 환경 문제에 대한 연구 등이 한국과 몽골의 학자들에 의해 어떻게 수행되고 있는지 살펴본다.

3) 원광대학교는 몽골의 교육기관들과 폭넓은 교류를 하고 있다. 몽골울란바타르대학교(Ulaanbaatar University), 후레대학교(Huree University), 몽골농업대학교(Mongolian University of life Science), 93번지 중고등특수교육학교(Niisleliin Gots Awyastani 93dugaar surguuli), 57번지 학교, 113번지 학교, 20번지 학교(Ganzam 20dugaar surguuli), 40번지 학교(Ulaanbaatar 40 dugaar surguuli)들과 국제교류를 맺고 있다.

2. 몽골 내 한국학 연구기관의 학술적 교류

1) 몽골과학아카데미의 인문사회학 학술 교류

1990년 이후 몽골에서 사회주의체제가 무너지면서 한국을 포함한 여러 나라와의 국제 학술 교류가 활발해졌다. 국제적 학술 교류를 활성화시키는 사회적 요인을 크게 두 가지로 요약할 수 있다.

첫째, 몽골 경제체제의 변화이다. 몽골사회는 사회주의체제에서 자본주의체제로, 계획경제에서 시장경제로 이행했다. 몽골의 경제 구조는 목축업 중심에서 광업 중심으로 전환했다. 광업은 천연자원을 가공하지 않고 원료를 직접 수출하여 급속하게 경제 성장을 이루어냈다. 하지만 많은 몽골 학자들은 외국의 직접 투자로 인한 광업을 중심으로 하는 경제 성장은 '거품 성장'이라고 비판한다. 이러한 '거품 성장'은 단기적인 경제 발전을 이뤄낼 수 있지만 장기적으로는 경제발전을 얻어낼 수 있지만 장기적으로는 경제발전을 저해한다. 몽골 학자들은 장기적 경제발전을 위해 광물 수출 중심의 사회경제구조에서 벗어나서 지식기반경제(мэдлэгт суурилсан эдийн засгийг төлөвшүүлэх)를 추구하는 것이 중요하다고 보고 있다. 세르잡Б. Сэржав 등은 몽골의 지식기반 사회경제발전 방향을 설정하는 데 한국, 일본, 싱가포르 등 신흥공업국의 사회경제 발전 경험에 대한 연구가 절실하다고 말한다.[4] 그들은 동아시아 사회경제발전 연구를 활성화시켜야 한다고 강조한다. 친환경적 기술 및 나노기술Nano-technology을 도입하여 발전시키는 등 몽골 경제력을 높이는데 지식기반이 중요하다고 대다수 학자들은 강조한다. 몽골 학자들은 지식기반 사회적 구조를 정착시키기

---

4) Б. Сэржав, "Япон болон "Азийн баруунууд"-ын хүчин зүйл ба Монгол Улс" суурь судалгааны сэдэвт ажил. Олон улс судлалын хүрээлэн, 2007~2009.

위해 아시아 지역 간의 학술적 연구 및 협력관계가 필요하다고 주장한다.

둘째, 세계화에 부응하는 학술적 교류 확대의 필요성이다. 그동안 몽골은 지리적 특성으로 인해 러시아와 중국 중심의 학술 교류를 진행해 왔지만 세계화 시대를 맞이해 새로운 방향의 학술 교류가 요구되고 있다. 몽골이 세계적 경쟁력을 강화시키기 위해서는 사회경제 구조를 세계화에 맞게 변화시켜야 한다.5) 국제관계연구원 하이상대Л. Хай сандай 등은 '이웃 두 강대국'(러시아와 중국) 중심의 국제관계 균형을 맞추기 위해서 '제3의 이웃국가'와의 사회적 교류를 확대시키는 것이 중요하다고 주장한다.6) 학술적 교류의 다양성을 확보하기 위해 미국과 유럽연합뿐만 아니라 한국, 싱가포르, 일본, 대만 등 동아시아의 협력관계를 활성화시켜야 한다는 것에 대해 많은 학자들이 동의하고 있다.

〈표 1〉 몽골과학아카데미 연구자들의 해외 유학 현황(2012년)

연구원	박사과정(명)	석사과정(명)
어문학연구원	10 (러시아, **한국**, 중국)	2 (러시아, 중국)
철학·사회·법학연구원	2 (미국, **한국**)	
고고학연구원	7 (미국, 독일, **한국**, 중국)	1 (일본)
물리·기술학연구원	13	3

5) Шинжлэх ухаан академий н 2009оны товч тай лан, 2009, pp. 15~16.

6) Л. Хай сандай , "Монгол Улсын эдий н засгий н аюулгүй бай дл ыг хангахад АНУ, ЕХ-той тогтоосон харилцаа, хамтын ажиллага аны үүрэг, ач холбогдол" суурь судалгааны сэдэвт ажил. Олон у лс судлалын хүрээлэн, 2007~2009.

	(유학 국가: 독일, 캐나다, 한국, 대만, 중국)	(한국, 일본)
생물학연구원	4 (러시아, 한국)	2 (미국, 일본)

출처: Шинжлэх ухаан академийн 2012 оны товч тайлан, 2012:15.
비고: 한국에서 유학하는 연구자들의 현황을 중심으로 표를 정리함.

2012년 몽골과학아카데미에서 발표한 연구자들의 유학 현황을 살펴보면 전체 86명이 박사과정에, 14명이 석사과정에 입학한 상태이다(표 1). 그 중 어문학연구원, 철학·사회·법학연구원·고고학연구원의 연구자들은 한국에서 박사과정을 밟고 있다. 뿐만 아니라 물리기술학연구원, 생물학연구원의 연구자들 중 한국에서 박사과정을 밟고 있는 것을 확인할 수 있다. 즉 몽골은 문학, 철학, 사회학, 고고학, 물리학, 생물학 등 폭넓은 학술 분야에서 한국과 인적 교류를 하고 있다.

몽골과학아카데미Шинжлэх ухаан академи는 학술 분야별로 한국과 긴밀한 관계를 맺고 있다. 몽골과학아카데미는 매년 학술활동 및 국제 학술 교류에 대한 보고서를 내고 있다. 몽골아카데미의 2009년부터 2016년까지 보고서를 보면 인문학, 사회과학 분야뿐만 아니라 물리학·수학·생물학·지리학·기계학·농학·의학 등 여러 학술 분야에서 한국과 폭넓게 학술교류를 하고 있다. 몽골과학아카데미는 특히 한국연구재단(NRF), 한국과학기술연구소(KIST), 동북아역사재단(NEAHF) 등과 학술 교류를 하고 있다.[7] 몽골과학아카데미와 한국연구재단은 전 학술 분야에서 공동연구, 세미나, 인력교류 등의 협력형태로 학술교류를 하고 있다.[8]

몽골과학아카데미의 2010년 보고서에 따르면 역사학연구원의 히세그트доктор Н.Хишигт, 빌렉트доктор Л.Билэгт, 엥흐치메그доктор Ц.Э

7) Шинжлэх ухаан академийн 2009оны товч тайлан, 2009, p. 9.
8) https://www.nrf.re.kr/

нхчимэг, 폰삭доктор А.Пунсаг 등의 사회과학 분야 논문들이 한국, 영국, 일본, 러시아 등 학술지에 27번 인용문으로 사용되었다. 고고학연구원 체렝도르즈проф. Д.Цэвээндорж, 체렝닥바доктор Я.Цэрэндагва, 아마르툽싱доктор Ч.Амартүвшин, 에르데네바트доктор У.Эрдэнэбат, 터르바트доктор Ц.Төрбат 등의 논문이 한국, 미국, 러시아, 독일, 프랑스, 일본 등 학술지에서 26번 인용되었다. 국제관계연구원 하이상다이проф. Л.Хай сандай, 바트사이항доктор О.Батсай хан, 바타르Ц.Баатар, 호르메트항М.Хурметхан, 수르후доктор Д.Шүрхүү, 보양터그스А.Буянтөгс 등의 논문이 한국, 미국, 영국, 독일, 일본, 러시아 등 학술지에 50여번 인용되었다. 이와 같이 몽골 학자들의 인문사회학 연구들이 한국을 포함한 해외 연구자들과 소통하고 있다는 것을 확인할 수 있다.[9)]

언어문화연구원 소미야바타르는 "몽골·한국 언어 문화 교류"(2008~2010년)에 관해 장기적 연구과제를 수행하고 있다. 2010년에 소미야바타르는 몽골, 한국, 중국의 "천자의 문화Мянган үсгий н соёл"를 주제로 학술지에 논문을 게재했다. 그는 중국어 천자 교과서의 몽골어 번역, 한국어 한자와 중국어 한자를 비교 분석해서 한국어와 중국어 한자의 동이점을 밝혀냈다.[10)]

2011년 8월 9일부터 13일까지 몽골학 학자들의 제10회 국제학술회의를 몽골과학아카데미와 국제몽골학협회가 공동 개최했다. 한국, 일본, 독일, 러시아, 중국, 터키 등 25개국에서 몽골학을 전공하는 외국학자 200여 명, 몽골 학자 100여 명이 참석했다.[11)] 나아가 2011년에 몽골과학아카데미 역사연구원Түүхий н хүрээлэн은 한국 학자들을 초

9) Шинжлэх ухаан академий н 2010оны товч тай лан, 2010, p. 16.
10) Шинжлэх ухаан академий н 2010оны товч тай лан, 2010, p. 18.
11) Шинжлэх ухаан академий н 2011оны товч тай лан, 2011, p. 22.

청하여 공동연구를 하고 있다. 몽골학을 전공하는 한국 학자들이 몽골과학아카데미의 지원으로 몽골에서 연구를 진행했다. 예를 들면, "중세 시대 몽골 역사"(Сөл Пэхван, "Дундад зууны Монголын түүх")를 주제로 8개월 동안 연구를 했다. 한국 학자들은 "암벽화"(Жан Сёг Хо, "Хадны сүг зураг"), "몽골의 대학교, 초중학교 교육제도"(У Бёон Су Ким, "Монголын их дээд бага, дунд сургуулийн боловсролын систем") 등을 주제로 한 달 동안 몽골에서 연구를 수행했다.[12]

2015년에 몽골아카데미는 이란의 외무부와 공동으로 "13~14세기 아시아 문명 보물 - 게레게(XIII-XIV зууны Азийн соёл иргэншлийн үнэт зүйлс-Гэрэгэ)"를 주제로 국제학술회의를 주최했다. 한국 및 터키, 중국, 일본, 터키, 인도 등 9개국의 70여 명의 학자들이 25편의 학술논문을 발표했다. 또한 2015년 "몽골·한국 수교 25주년"을 맞이하여 울란바타르와 서울에서 공동학술행사를 개최했다. 3월 23일에 몽골·한국 역사·고고학협회는 울란바타르에서 "몽골·한국 역사적 관계를 돌아보면서(Монгол-Солонгосын түүхэн харилцааг эргэн харахуй)"를 주제로 세미나를 개최했다. 몽골역사·고고학협회 그리고 몽골국립대학교, 울란바타르대학교 등 대학교들이 적극적으로 참여했다.

몽골과학아카데미 역사·고고학협회는 6월 12~13일에 한국과 공동으로 "몽골·한국 수교 25주년, 몽골·한국 협력의 새로운 계획(Дипломат харилцаа тогтоосны 25жилийн ой, Монгол-Солонгосын хамтын ажиллагааны шинэ арга төлөвлөгөө)"을 주제로 국제학술회의를 서울에서 개최했다. 몽골과 한국 학자들이 참석해서 16편의 학술논문을 발표하고 양국 교류의 현황 및 전망에 대해 논의했

12) Шинжлэх ухаан академийн 2012оны товч тайлан, 2012, p. 34.

다.[13)] 몽골·한국 역사 및 고고학적 공동연구와 관련해서 게.에렉젱 Г.Эрэгзэн은 「흉노 시대 '과 더브'시의 유적에 대한 몽골·한국 고고학적 공동연구에 관하여(Гуа дов хэмээх хүннүгий н хотын туурьд хий сэн Монгол-Солонгосын хамтарсан археологий н судалгааны үр дүнгээс)」를, 베.다바체렝Б.Даваацэрэн은 「몽골·한국 고고학의 협력관계 현황(Монгол-Солонгосын археологий н хамтын ажиллагаа: өнөөгий н бай дал)」을 논문으로 발표했다. 몽골·한국 국제교류와 관련해서 엔.히식트Н.Хишигт는 「몽골·한국의 수교 관련 자료(Монгол улс ба БНСУ-ын дипломат харилцааны түүхэнд холбогдох баримтын той м)」를, 르. 다바깁Л. Даваагив은 「몽골·한국 수교 25주년 및 양국의 과학 분야에 대한 협력(Монгол, Солонгосын хооронд дипломат харилцаа тогтоосны 25жилий н ой ба хоёр орны шинжлэх ухааны салбарын хамтын ажиллагаа)」을 발표했다.

몽골과학아카데미 역사·고고학학회는 한국의 동북아역사재단과 공동으로 아래와 같이 국제학술회의를 꾸준히 개최하고 있다. "몽골·한국 교류, 과거와 현재"(2010), "동북아시아 및 몽골, 한국"(2014), "몽골·한국 수교 25주년, 몽골·한국 협력의 새로운 계획"(2015), "몽골·한국 역사적 이해, 학술적 시각"(2016) 등 여러 주제로 몽골과 한국 관계의 역사적 의미를 학술적으로 재해석하고 있다(표 2).

13) 이번 학술회의에 8명의 몽골 학자들이 참석한 가운데 6명은 역사·고고학협회 연구자들이다. 스.출룽С.Чулуун은 「17세기 러시아인들이 중앙아시아와 몽골에 들어온 것에 관한 연구(17-р зуунд оросууд Төв Ази ба Монголд нэвтэрсэн нь)」, 스.얼즈바야르С.Өлзий баяр는 「귀족의 땅 즉 자드의 땅(Ихэсий н газар хий гээд Жадын газар)」, 르.강바트Л.Ганбат는 「몽골제국: 중앙아시아의 일부 도시들에 관하여(Монголын эзэнт гүрэн: Дундад Азий н зарим хотуудын тухай)」 등 논문을 발표했다(Шинжлэх ухаан академий н 2015оны товч тай лан, 2015, pp. 106~107).

〈표 2〉 몽골과학아카데미 역사·고고학학회 국제학술회의

연월일	국제학술회의 주제	공동주최
2010	"몽골·한국 교류, 과거와 현재" (Монгол-Солонгосын харилцааны өнгөрсөн ба одоо)	동북아역사재단
2014.09.14~09.16	"동북아시아 및 몽골, 한국" (Зүүн хойт Ази ба Монгол, Солонгос)[14]	동북아역사재단
2015.06.12~06.13	"몽골·한국 수교 25주년, 몽골·한국 협력의 새로운 계획" (Дипломат харилцаа тогтоосны 25жилийн ой, Монгол-Солонгосын хамтын ажиллагаан ы шинэ арга төлөвлөгөө)	동북아역사재단
2016.05.24	"몽골·한국 역사적 이해, 학술적 시각" (Монгол-Солонгосын түүхийн ойлголт, суд алгааны өнцөг)	동북아역사재단

출처: Шинжлэх ухаан академийн 2010~2016 оны товч тайлан.

2011~2013년 고고학회 학술 교류

2011년 6월에 충남 태안군 '안면도 쥬라기 공원'에서 몽골·한국 수교 20주년 기념행사의 일환으로 "몽골 공룡" 전시회가 열렸다.[15] 몽골과학아카데미 고고학회는 "문화유적 연구 및 보호" 프로젝트의 일환으로 몽골·한국 공동 탐사대가 2011년 고비-알타이 아이막의 보가트, 통힐, 다르비 솜의 109곳에서 1,383개의 문화·유적, 기념비를 발굴해 등록했다. 이런 현장 연구에 대해서 스.후렐수흐C.Хүрэлсүх.는「암벽화 연구에 관하여(Хадны оршуулгын судалгааны зарим асуудал. УБ., 2012-9хх)」논문을 통해 유적지 발굴 관련 보고서를 냈다.[16] 몽

14) Шинжлэх ухаан академий н 2014оны товч тай лан, 2014, p. 53.
15) Шинжлэх ухаан академий н 2011оны товч тай лан, 2011, p. 79.
16) Шинжлэх ухаан академий н 2012оны товч тай лан, 2012, p. 59.

골과학아카데미 고고학회는 "문화유적지 연구 및 보호" 프로젝트 몽골·한국 공동 탐사대는 2013년 8월 1일부터 28일 사이에 고비-알타이 아이막(읍, 도)의 허흐머르트, 바양-올, 자르갈랑, 태시르, 델게르, 예성 볼락, 에르데네, 초그트, 체엘, 사르가 등 지역에서 탐사하여 역사·문화 유적과 기념비를 2,552개 발굴하여 등록했다.[17]

2) 몽골국립대학교(National University of Mongolia) 한국학과

1991년에 몽골국립대학교Монгол Улсын Их Сургууль에 인문대학 아시아학부 한국학과가 설립되었다. 아시아학부 한국학과에서는 한국어학 교육을 기초로 하여 정치, 경제, 역사, 사회에 대한 교육을 제공하고 있으며, "한국어 번역", "몽골어와 한국어학", "국제연구 한국학" 등의 프로그램을 운영하고 있다. 몽골국립대학교 한국학과에서는 한국학 관련 장학금 및 유학생 지원 프로그램을 운영하고 있다. 한국학과는 단국대, 연세대, 이화여대 등 대학교와 국제교류를 통해 교환학생을 보내고 있다. 교환학생은 한국의 대학교에서 언어뿐만 아니라 한국의 역사와 문화를 체험하고 있다. 2018년 몽골국립대학교는 한국국제교류재단의 협력으로 한국학을 전공하는 학생에게 장학금을 10년째 지원하고 있다. 2017년에 장학금 지원 협력관계를 앞으로 3년 단위로 갱신하기로 했다. 그동안 한국국제교류재단 지원으로 몽골국립대학교 한국학을 전공하는 대학생 중 20여 명이 석사학위, 8명이 박사학위를 취득했다.

17) Шинжлэх ухаан академий н 2013оны товч тай лан, 2013, p. 20.

〈표 3〉 몽골국립대학교 아시아학부 한국학과 국제교류 현황

- 한국의 '강성원' 장학금 매년 지원
- 한국장학금으로 한국학 석사 및 박사과정 유학
- 매년 단국대학교로 3~5명의 학생이 1~2학기 동안 유학
- 한국국제교류재단, 동북아역사재단 역사교육 프로그램 참여
- 한국 대학교와 교류를 통해 한국어학 연수 장단기 프로그램 참여
- 연세대, 이화여대와 협력해 한국학 인터넷 강의 진행

출처: sas.num.edu.mn

몽골국립대학교 국제교류대학은 경제개발과 관련해 한국과의 국제교류를 활발히 진행하고 있다. 몽골국립대학교 국제교류대학은 한국과 국제교류를 강화하기 위해 2004~2005년에 "동북아시아 국가들의 개발, 협력 및 몽골-한국의 관계(Зүүн Азий н орнуудын хөгжил, хамтын ажиллагаа ба Монгол-Солонгосын харилцаа)"를 주제로 국제학술대회를 개최했다. 또한 몽골국립대학교는 한국에서 개최한 국제학술대회에도 적극적으로 참여하고 있다. 2002~2003년 "몽골·한국 경제관계 현황(Монгол улс, БНСУ-ын эдий н засгий н харилцааны өнөөгий н бай дал)" 국제학술대회에 참석했다. 2006~2007년 서울에서 개최한 "한국 안정적 개발 전략을 세운 교훈, 경험(БНСУ-ын Тогтвортой хөгжлий н үндэсний стратеги боловсруулсан сургамж, туршлага)"을 주제로 하는 국제학술대회에 참석했다. 이러한 국제학술대회는 대부분 몽골과 한국의 경제발전, 협력관계, 안정적 개발을 주제로 하고 있다.

몽골국립대학교 인문대학은 인문학 학술지에 한국학과 관련한 연구들을 게재하고 있다. 몽골국립대학교 인문대학은 2001년부터 『외국의 언어 문화 연구Гадаад хэл соёл судлал』 학술지를 연 1회 몽골어

및 영어로 발간하고 있다. 이 학술지는 인문대학교 연구자들의 논문을 국내 및 국외 연구자들에게 알리는 데 목적이 있다. 이 학술지는 언어 연구, 외국어 교육연구, 번역학, 국제연구 등 네 가지 연구주제로 구성되어 있다. 한국학과 관련해서 국제연구 한국학과의 에르덴치메그Эрдэнэчимэг 교수가 이 학술지에 두 개의 논문을 게재했다. 그는 2012년에는 「원나라와 고려의 왕실 혼인의 특징(Юан Корй өгий н төрий н ураг барилдлагын онцлог)」이라는 논문을, 2014년에는 「고려 충선왕의 왕비 계국대장공주의 정치적 입장(Корй егий н ван чхүнсөнъ-ий хатан будширэний улс төрий н бай р суурь)」이라는 논문을 게재하는 등 원나라와 고려의 역사적 관계에 대해 연구하였다.

3) 인문대학교(University of the Humanities) 한국어학과: 한국어 교육

1992년에 인문대학교Хүмүүнлэгий н ухааны их сургууль 언어문화대학 아시아어학과Азий н хэлний тэнхим에 한국어학과가 설립되었다. 그 당시 한국어교육전공과 한국어 통·번역전공을 두어 한국국제협력단(KOICA) 국제협력사업의 일환으로 두 명의 한국어 교수가 한국어 교육을 담당했다. 그 후로 인문대학교는 2000~2012년 한국어능력시험을 몽골 현지에서 공식적으로 시행하는 데 중요한 역할을 했다. 2016~2017년 한국어능력시험의 기준과 맞춰서 한국어 교육 과정을 개편하고 있다.

인문대학 한국어학과는 한국영상대학교,[18] 목포대학교,[19] 경남대학교, 경인여자대학교와 국제교류를 맺고 있다. 인문대학 한국어학과

18) "한국영상대학교(KUMA), 몽골인문대학교(UHM)와의 한-몽골 교육 협력 박차", 알렉스 강의 몽골 뉴스, 2014. 6. 23. 출처: http://alexoidov.tistory.com/.

19) "국립목포대학교 부총장 일행, 몽골인문대학교 방문", 강원경제, 2012. 6. 2.

는 한국국제교류재단 지원으로 중앙대학교 실시간 화상 강의(KF Global Electronic-School)를 “한국의 정치 및 경제, 사회”라는 주제로 운영하고 있다(2011년 9월~2018년 6월). 또한 경인여자대학교와의 교류를 통해 “한국 문화의 날Солонгосын соёлын өдөрлөг” 행사를 2017년 12월 25일부터 29일까지 2년째 성공적으로 시행했다. 한국영상대학교와 협력교류를 통해 5명의 학생이 어학연수를 하고 있다(2017년 9월 1일~2018년 12월 31일).

몽골인문대학교 한국어학과에서 한국어를 전공한 졸업생 현황은 아래 <표 4>와 같다.

〈표 4〉 인문대학교 아시아어학과 졸업생 현황

전공 \ 졸업년도	2013	2014	2015	2016	2017	합계
중국어 교육전공 및 번역전공	42	37	43	39	31	192
중국어 교육전공 및 번역전공(야간반)	-	-	12	7	12	31
한국어 교육전공 및 번역전공	21	19	14	12	15	81
일본어 교육전공 및 번역전공	25	-	-	10	22	57
합계	88	56	69	68	80	361

출처: www.humanities.mn

인문대학교는 2014년 11월 14일부터 15일까지 한국어를 가르치는 교수들을 대상으로 국제학술대회를 개최했다. 이 국제학술대회에서 인문대학교 학국어학과 데.에르데네수렝Эрдэнэсүрэн 교수는 “몽골 내 한국어 기능성 교습의 특징(Монгол дахь солонгос хэлний функциональ сургалтын онцлог)”이라는 주제로 발표를 했다. 이와 같이 인문대학교 한국어학과는 한국어 교육을 중심으로 운영되고 있다.

3. 인문학 분야에서 한국학

1) 몽골·한국 역사학 연구

몽골 학자들은 몽골 내 한국 역사 연구를 사회변동에 따라 1990년대 이전 연구와 이후 연구로 구분해서 정리하였다.[20] 1990년 이전 한국 역사 연구들은 두 가지 특징을 지니고 있다. 초기 한국 역사 연구는 몽골 역사 및 지역 역사 연구들 속에서 간접적으로 언급되어 왔다. 달래Ч.Далай는 몽골제국 원나라 역사를 연구할 때 『고려사』를 처음으로 참고 문헌으로 참조했다. 그는 『고려사』에 언급되어 있는 내용으로 몽골과 고려의 관계사를 비교·연구할 수 있다고 주장한다.[21]

1960년이 돼서야 북한학(한국학) 및 북한학(한국) 역사를 전공하는 학자가 나왔다. 수미야바아타르Ч.Сумьяабаатар는 북한에서 북한어 전공을 했으며, 「몽골 북한(한국) 민족의 기원, 언어의 관계에 관하여(Монгол Солонгос туургатны угсаа гарал, хэлний холбооны асуудалд」(1975), 「13~14세기 몽골-북한(한국)의 교유서(13~14р зууны Монгол-Солонгосын харилцааны бичгүүд(Тэргүүн дэвтэр)」(1978) 등을 연구함으로써 몽골 내 북한학(한국학) 기반을 마련했다.

1990년 이후 몽골과 한국의 교류가 정치·경제·사회 등 분야로 확대되었다. 한국에서 박사학위를 취득한 한국 역사학 연구에 관심을 가진 연구자들이 증가하고, 한국 내 고전문헌 연구를 할 수 있는 길이 열렸다. 수미야바아타르는 단국대학교에서 교환교수로 재직하면서 한국 내 역사적 문헌자료를 검토하였으며, 그가 편집한 『中世韓蒙關係史:

20) Ц.Цэрэндорж, "Монгол дахь Солонгосын түүхийн судалгааны өнөөгийн байдал, хэтийн төлөв", 『Солонгос судлал』, 2016, pp. 53~62.

21) Ч.Далай, Юань гүрний үеийн Монгол. УБ., 1973.

文獻篇』이 1992년에 출판되었다. 2013년에 그는 한국학중앙연구원의 펠로십 프로그램의 지원으로 "한국이 중세 몽골의 규장각이다(Солонгос бол Дундад зууны Монголын ховор номын сан)"라는 연구를 수행했다. 이 연구에서 그는 '중세 시대 한국의 몽골어 석학'들과 관련 한문 기록들을 확인해서 몽골어로 번역했다. 그는 중세 시대에 몽골과 한국의 관계는 역사, 정치, 경제, 군사 등 사회 전체적으로 폭넓은 관계를 맺고 있었다고 강조한다. 앞으로도 이런 역사적 관계의 근거인 옛 고전문헌들을 지속적으로 연구할 필요가 있을 것이다.

락바Б.Лхагва는 1995년에 「13~14세기 몽골과 한국 관계의 특징, 영향, 그 발자국(XⅢ-XⅣ зууны Монгол, Солонгосын харилцааны онцлог шинж, харилцан нөлөөлөл, түүний ул мөр)」이라는 주제로 박사학위논문을 제출했다. 그는 몽골 한국 관계사에 지속적인 연구를 하고 있으며, 최근에 『몽골 한국 관계의 전통성: 1218~1368년까지 150년의 역사』(2010),[22] 『통일된 한반도가 온다』(2015)[23] 등과 같은 책을 저술했다. 또한 바트투르Ж.Баттөр는 2000년에 「20세기 몽골·한국의 관계에 관하여(1910~1950)(XXзууны Монгол, Солонгосын харилцааны зангилаа асуудлууд(1910~1950))」라는 논문으로 박사학위를 취득했다. 그는 몽골의 문헌 및 기록들을 검토하면서 1910~1960년 당시 한국과 몽골의 관계사를 중심으로 연구하고 있다.[24] 그는 「1910~1930년 사이에 몽골 신문에 실린 한국(한반도) 관

22) Б.Лхагваа, "Монгол, Солонгосын харилцааны уламжлал: 1218~1368 он хүртэлх 150жилд", Улаанбаатар дээд сургууль, 2010.

23) Б.Лхагваа, "Нэгдсэн Солонгос ай суй", Стратегий н судалгааны хүрээлэн, 2015.

24) Ж.Баттөр, "XXзууны Монгол Солонгосын харилцаа, Тэргүүн дэвтэр(1910-1930-аад он), УБ., 2000.
Ж.Баттөр, "XXзууны Монгол Солонгосын харилцаа, Тэргүүн дэвтэр(1948-1961), УБ., 2004.

련 기사에 대하여」라는 글에서 일본제국 식민지 시기 한국의 독립운동, 일본제국의 식민지 정책에 대한 비판 등에 대해 논의했다.[25)]

체렝도르지Ц.Цэрэндорж는 2010년 「14세기 후반 동아시아의 국제 정세와 북원과 고려의 관계」라는 논문으로 박사학위를 취득했다. 그는 「몽골 역사학자들의 고려사 연구 성과 : 한국을 바라보는 9개의 시선」이라는 논문을 2008년도에 게재했다. 역사적으로 몽골과 한국의 관계는 13~14세기에 전성기를 누렸으며, 이에 대한 연구는 지속적으로 이루어져야 한다. 앞으로 15~20세기의 문헌들을 검토해서 중세 역사를 연구할 필요가 있다. 지금까지 한국 역사에 대한 연구는 몽골과의 관계사를 통해 연구되어 왔다. 하지만 한국사만을 연구하는 학자들도 필요하며, 한국과 몽골 역사 관련 문헌기록들을 번역해서 대중화시키는 데 노력해야 한다고 그는 주장한다.

2) 몽골·한국 경제학 연구

몽골국립아카데미 국제관계연구원 엥흐볼드И.Энхболд, 2016는 몽골에 대한 한국의 경제적 투자를 지지한다. 그에 따르면 한국과 몽골 양측은 경제적 관계에 있어서 기본적인 3가지 협력을 서로 제안해 왔다고 말한다. 경제적 관계에 있어서 합작 공장을 세우는 것, 자연 자원을 이용하는 것, 과학적 기술 교류를 발전시키는 것이 그것이다. 몽골 재무부는 2016~2018년 한국과의 경제적 협력서에 "국가 간 및 도시 간 대중교통 서비스 지원 계획', '10개 도(аймаг)에서 발전소 건설 계획'을 넣어 앞으로 한국과 몽골의 경제적 협력 관계를 기대하였다.[26)]

25) Ж.Баттөр, "1910-1930-аад оны Монголын ном, хэвлэлд Солонгосын тухай мэдээлж бай сан нь", 『Солонгос судлал』, 2016, pp. 44~52.
26) И.Энхболд, "Монгол улс, БНСУ-ын эдий н засгий н харилцааны зарим асуудал", 『Солонгос судлал』, 2016, pp. 112~120.

김보라 등(2017) 단국대학교 몽골연구소 학자들은 한국과 몽골의 경제적 관계를 광업 및 목축업 분야에 머물지 않고 제조업 분야에까지 확대하는 것이 중요하다고 말한다. 「몽골의 공업 정책 및 한국의 몽골 경제 협력 관계 발전 가능성」[27]이라는 논문에 따르면 1994년부터 2015년까지 한국과 몽골의 공업 협력 정책이 있기 전까지는 몽골에서 실행되었던 한국의 투자는 주로 서비스업(66.5%), 광업(27.4%), 제조업(5%), 목축업(1.1%) 순으로 서비스업 및 광업 분야에 집중되어 왔다. 지역적으로는 울란바타르시에서 서비스업 투자가 주를 이루고 있고, 지방에서는 광업 투자가 주를 이뤄 왔다. 투자 형태로는 한국 단독 투자(65.6%), 몽골과 한국 합작 투자(34.4%)를 하고 있다. 앞으로 투자 분야에 있어서 제조업으로 확장하고, 지역적으로는 도시와 지방을 아우르고, 투자 형태로는 금융과 기술전개 형태로 한국 및 몽골의 경제적 관계를 확대할 수 있는 가능성이 보인다고 분석했다.

3) 한반도 비핵화에 대한 지역 연구

한국학 지역연구에 있어서 중요한 주제 중 하나는 남북통일 및 한반도 비핵화에 대한 것이다. 엥흐사이항Ж.Энхсай хан., 락바Б.Лхагва 등 학자들은 북한의 비핵화, 남북통일, 한반도 평화 등 문제와 관련해서 동북아시아에서 한국과 몽골의 국제관계의 방향을 논의한다. 엥흐사이항은 「북한의 핵 개발, 향후 전망(Умард Солонгосын цөмийн хөтөлбөр, цаашдын хандлага, нөлөө)」이라는 연구에서 북한 핵 개발의 역사적 요인과 북한 핵 개발 및 고도화를 둘러싼 국제적 관계에 대해 논의한다. 그는 대북제재로 인한 북한의 경제적 어려움 및

27) Ким Бура·Сун Биёнгү, “Монгол улсын аж үй лдвэрий н бодлого ба Солонгос улсын Монгол улстай хий х эдий н засгий н хамтын ажиллагаа өргөжих боломж”, 『몽골학』 49, 2017, pp. 187~212.

정치적 내부 갈등을 방지하기 위해서 비핵화의 길을 선택하지 않을까라는 전망을 2016년에 내놓았다. 나아가 락바는 「동북아시아 개발: 몽골 및 한국의 협력과 역할(Зүүн хой д Азий н цэцэглэл хөгжил: Монгол улс, БНСУ-ын хамтын ажиллагаа, үүрэг роль)」이라는 연구에서 동북아시아가 평화로 나아가는 데 한반도의 통일, 북한의 비핵화 문제가 중요하다고 강조한다. 몽골이 1992년에 UN총회에서 비핵지대라고 선언했고, 1998년에 비핵지대라는 지위를 국제적 문서로 확정했다. 그래서 몽골은 국제적으로 인정받은 비핵 국가로서 한반도의 통일과 북한의 비핵화를 적극적으로 지지해왔다. 그는 한반도 통일을 이끌기 위해 동북아시아의 국제적 협력관계를 구축하는 데 한국과 몽골이 협력해야 한다고 주장한다.[28]

4. 사회학 분야에서 한국학

1) 이주에 관한 연구

현재 몽골에서 해외 이주 몽골인이 중요한 사회적 주제로 떠오르고 있다. 한국으로 몽골인 이주의 증가 현상이 한국학 연구에 반영되고 있다. 한국내 이주민 연구가 한국사회의 이주민 수요 및 사회통합의 측면에서 이뤄지고 있다면, 몽골 학자들은 한국사회로의 이주가 몽골사회에 미치는 영향에 대해 관심을 둔다.

---

28) 락바는 <한국통일몽골포럼>(Солонгосын Нэгдлий г Дэмжих Монгол Форум) 몽골 사회단체를 총괄하고 있다. 2018년 6월 7~8일 한국통일몽골포럼은 국제평화재단, 몽골NGO블루배너, 원코리아재단 등과 공동으로 "한반도 긴장 상황 해소와 신뢰 구축을 통한 남북 통일 방안(Хурцадмал бай длыг н амжаан, итгэлцлий г бэхжүүлэх замаар Солонгосын нэгдлий г х ангах нь)"을 주제로 국제포럼을 개최했다(http://alexoidov.tistory.com).

대리잡Ж.Дай рий жав은 「대한민국에서 노동하고 있는 몽골인이 몽골 사회·경제에 기여하는 것에 관하여」[29]라는 학위논문에서 한국으로의 노동이주가 몽골사회에 미치는 경제적 효과에 대해 분석하고 있다. 몽골사회에서는 개정된 헌법에 따라 2001년에 <노동인력 해외유출 및 해외 노동인력의 유입에 관한 법률>이 제정되었다. 2004년에 몽골노동사회복지부와 한국의 고용노동부는 협약을 체결하여 공식적으로 노동인력을 유출·유입하게 되었다. 노동이주가 지속되는 기간에 따라 한국사회와 몽골사회에 미치는 영향이 서로 다르다. 한국으로의 노동이주는 몽골사회에 긍정적인 측면과 부정적인 측면을 동시에 가져오고 있다. 단기적 노동이주(1~5년 사이)가 몽골사회에 끼치는 긍정적 측면은 다음과 같다. 이주노동자가 가족을 부양할 수 있는 경제적 능력을 제공한다. 이주노동자는 한국에서 노동함으로써 본국 가족들의 경제적 생활을 뒷받침한다. 그들은 매월 몽골가족에게 송금하여 생활비, 자녀 교육비, 주택 구입비 등을 지원한다. 이주노동자는 노동이주를 통해 발전한 국가에서 새로운 사업 아이디어를 갖고 본국에 돌아가서 사업할 수 있을 정도의 새로운 기술적 능력, 경험, 지식을 배우게 된다. 노동이주를 한국과 몽골 간의 협정으로 사회적으로 인정함으로써 불법노동이주, 불법인신매매, 불법비자매매를 예방할 수 있다. 하지만 단기적 노동이주는 이러한 긍정적인 측면에도 불구하고 부정적 측면도 있다. 노동이주를 목적으로 해외에서 거주하는 이주노동자들이 증가하면서 몽골의 인구가 감소하고 있다. 노동이주에 따른 인구의 감소는 몽골사회 내 노동력에 엄청난 타격을 주고 있다. 몽골 내 노동력이 한국사회로 유출됨으로써 몽골사회에서 노동력 부족 현상이

29) Ж.Дай рий жав, “БНСУ-д ажиллаж буй хүмүүсий н ний гэм эди й н засагт оруулж буй хувь нэмрий г үнэлэх нь”, СЭЗДС. мастер ий н ажил, 2007.

일어나고 있다. 몽골사회는 부족한 노동력을 채우기 위해서 중국으로부터 다수의 외국인 노동자를 유치하고 있다. 특히 건설업 분야에서 몽골인 노동인력이 한국으로 유출됨에 따라 몽골사회는 중국에서 관련 노동인력을 들여옴으로써 노동력 이동이 세계 노동시장에서 연쇄적 이주 현상을 만들어내고 있다. 노동이주에서 나아가 몽골에서는 '두뇌유출' 현상도 일어나고 있다. 몽골의 고학력 인력이 한국사회로 노동이주를 하기 때문이다. 그뿐만 아니라 노동이주로 인해 공간적으로 가족과 떨어져 사는 사람들이 늘어나면서 몽골사회 내 가족 결합과 자녀의 양육에도 문제가 생겨나고 있다. 부 또는 모 중 한 사람이 노동이주를 함으로써 몽골사회에서 자녀의 양육은 남겨진 사람이나 친척이 도맡아서 해야 하지만, 온전한 자녀 양육이 이루어지고 있다고 볼 수 없다. 노동이주는 몽골의 가족과 오랜 기간 떨어져 살게 만들기에 이혼률 증가라는 부정적 현상도 발생시키고 있다.

노동이주가 장기적(6년 이상)으로 지속되면 출신사회(몽골사회)뿐만 아니라 거주사회(한국사회)에도 영향을 준다. 장기적 노동이주자는 사업체를 경영하면서 출신사회 또는 거주사회의 경제에 기여를 한다. 이주노동자는 자신의 자녀를 한국으로 유학 보내는데 경제적으로 지원함으로써 고학력 인력으로 키우고 있다. 한편 이주노동자는 점점 한국사회로 삶의 터를 옮겨감에 따라 몽골사회로 돌아가기보다 한국사회에서 거주하려는 경향을 보인다. 이와 더불어 이주노동자는 노동이주에서 결혼이주 형태로 신분이 변화하게 되는 사회적 현상이 나타나고 있다.

세르다람Д.Сэрдарам의 「몽골인들의 이주의 새로운 유형이 경제정책에 미치는 영향」[30]이라는 논문에서 몽골인들의 한국으로의 이주는

30) Д.Сэрдарам, "Монголчуудын цагаачлалын шинэ хэлбэр - Эдийн засгийн бодлогод нөлөөлж байгаа нь", 『Солонгос судлал』, 2016,

단순히 노동이주, 결혼이주에 머물지 않고 의료, 교육, 관광, 쇼핑 등 여러 분야에서 한국은 몽골인들의 '인터테인먼트(intertainment) 국가'로 인식되고 있다고 분석한다. 그는 한국으로의 노동이주가 '의료이주'로 이어지고 있다고 주장한다. 몽골통계청(2015) 통계자료의 외국에서 의료 치료를 받은 몽골인들의 대상국가를 보면 한국 30%, 중국 20%, 태국 18%, 유럽 10%, 싱가포르 10%, 일본 8%, 기타 4%이다. 몽골인들은 6개국에서 주로 의료 서비스를 받고 있는데, 그 중 한국이 가장 높은 것으로 나타났다. 한국에서는 몽골 환자를 유치하기 위해 의료관광비자 발급을 간소화하고, 의료관광 서비스 센터를 설치하고, 몽골어 서비스를 제공하는 등 의료시장을 확보하는 사업을 활성화시키고 있다. 그런데 한국행 의료 치료비는 개인에게 많은 부담으로 다가오고 있다. 몽골에서 해외 의료보험이 제도화되어 있지 않기 때문에 의료비는 모금활동을 통해 개인 또는 사업체의 도움에 의존하고 있다. 그런 점에서 몽골의 국내 의료비에 적용되는 의료보험을 세계의 의료보험 수준에 맞춰서 법적으로 제도화시킬 필요가 있다. 해외로 이주하는 사람들이 증가함에 따라 환자들의 의료소비와 의료서비스에 대한 요구가 높아졌기 때문에 여기에 맞는 몽골 내 의료 치료 품질이 변화될 필요가 있다. 해외 의료치료로 인한 몽골 의료분야의 악영향을 감소시키기 위해 몽골 내 질 높은 의료서비스와 의료치료를 할 수 있도록 새로운 계획과 정책이 요구되고 있다.

위에서 보았듯이 한국과 몽골 간의 노동이주나 치료이주 등과 같은 이주 현상이 세계화와 맞물려 계속적으로 증가할 것으로 보이며, 한국학 분야에서도 이와 관련한 연구가 심화될 것으로 전망된다.

---

pp. 141~150.

2) 한류문화에 대한 연구

몽골에서는 시장 개방과 민주화를 받아들임으로써 한국과의 다양한 문화 교류가 확산되고 있다. 몽골이 민주주의체제를 수립하면서 세계 여러 나라와 정치적·경제적·사회적 폭넓은 교류가 활성화되었다. 몽골국민 해외 출국 통계(2016년 9월)에 따르면 한국(53,627명)은 중국(1,109,117명)과 러시아(411,754명)에 이어서 세 번째로 많이 찾는 국가로 나타나고 있다.[31] 한국을 방문해 한국문화를 직접적으로 경험하는 사람들이 많다. 이와 같이 몽골인이 한류문화를 받아들이는 원인으로는 한국을 방문하는 사람들뿐만 아니라 노동이주와 결혼이주를 비롯해 몽골에 들어온 한국사업체들의 증가를 들 수 있다.

바트체렝Ц.Батцэрэн는 「한류문화, 몽골 젊은이들에게 미치는 영향」[32] 이라는 논문에서 한류문화의 균질화homogenization와 이질화heterogenization에 대해 논의하고 있다. 문화의 균질화는 한 지역의 문화가 세계의 문화가 되는 것을 말한다. 다시 말해서 미국문화가 여러 나라에 확산되거나 미국에서 사용하는 생활필수품 즉 전자제품들이 세계적으로 전파되는 것을 말한다. 한편 문화의 이질화는 하나의 문화가 다른 나라로 확산되지만 그 지역의 특수성에 따라 변화하는 것을 말한다. 예를 들면 한류문화가 몽골에서 확산되고 있지만, 이러한 과정을 통해 반드시 몽골문화가 한국화 된다고 보기 어렵다. 한국문화가 몽골의 특수성에 따라 변질된 모습으로 변화함으로써 문화의 다양성이 새롭게 생겨난다. 몽골에서 나타나고 있는 한국의 문화, 종교, 과학 등 다양한 분야에서의 영향력은 균질화의 형태보다는 이질화의 형태를 드러내고

31) Монголчууд гадаадын аль улс руу хамгий н их зорчиж бай на вэ? Гадаадын иргэн харьяатын газар, 2016.10.6.

32) Ц.Батцэрэн, “БНСУ-ын соёлын давалгаа, Монголын залуучуудад үзүүлж буй нөлөө”, 『Солонгос судлал』, 2016, pp. 183~194.

있다. 바트체렝은 몽골에서 확산되고 있는 한류문화는 젊은이들의 전통적인 문화 가치를 변화시키기보다는 '소비문화'의 수준에 머물고 있다고 분석한다.

5. 자연학 분야에서 한국학

몽골과학아카데미의 한국과의 전체 학술 교류의 현황을 파악하기 위해 각 분야별로 어떤 관계를 맺고 있는지를 파악하는 것이 중요하다. 인문사회학 분야뿐만 아니라 다른 분야의 학술 교류를 비교함으로써 인문사회 분야 교류의 범위 및 동향을 파악할 수 있다.

2009년 몽골·한국 국제공룡탐사 고생물학자들이 몽골의 엄너고비(남부고비) 아이막 고르방테스 솜의 북 홀로이라는 지역에서 데이노케이루스 공룡의 몸통뼈 표본을 발굴했다. 한국지질자원연구소에서 데이노케이루스의 전체 모습을 복원하여 '미스터리 공룡'의 실체를 규명했다. 몽골·한국 국제공룡탐사는 2014년에 세계적인 학술지인 『네이처Nature』에 공동으로 논문을 게재하면서 세계공룡학계의 미스터리였던 데이노케이루스의 전체 모습을 밝혀내는 데 중요한 연구성과를 냈다는 평가를 받는다.

의학 분야에서 몽골아카데미 및 몽골국회가 주최한 "아이들의 건강에 공기오염의 영향, 해결 방안"을 주제로 개최한 국제학술대회에 한국 학자들이 참석했다(2016년 1월 25~26일). 몽골과학아카데미와 한국과학기술한림원은 "사회 및 경제 발전-통계의 현실적 소비" 공동심포지엄을 몽골에서 처음으로 개최했다(2016년 6월). 이번 공동심포지엄에 한국 학자 9명, 몽골 학자 40여 명이 참석한 가운데 11편의 학술논문을 발표했다. 몽골과학아카데미와 한국과학기술한림원은 공동심포지엄을 한국과 몽골에서 매년 교대로 개최하기로 했다. 이처럼 과학 기관과 학자들 간의 새로운 정보 교환, 혁신적 아이디어를 교환하는 교류의 자리를 마련하고 있다. 몽골과학아카데미는 몽골자연환경관광부, 외무부와 공동으로 "녹색 발전에 과학 분야들의 역할"을 주제로 국제학술대회를 울란바타르에서 개최했다(2016년). 여기에 한국의 학자들이 참석해서 녹색 발전에 학자들의 기여와 역할에 대해 논의했다.[33] 또한 "몽골과학아카데미 고생물학 원정 70주년 기념(The 70th Anniversary of Mongolia Paleontologiacal Expedition Of Academy of Sciences)" 국제심포지엄에 한국 학자들이 참석했다(2016년 9월 22일).

6. 맺음말

세계화의 영향으로 인해 한국과 몽골은 폭넓은 사회적 교류를 맺고 있다. 세계화는 인문학과 사회학을 비롯해 자연학 분야에까지 한국과 몽골의 교류를 가속화하고 있다. 정보통신 기술의 발전에 힘입어 등장한 인터넷은 한국과 몽골 사이의 국경을 뛰어넘는 교류의 장을 만든다. 몽골 인문대학교 한국어학과는 몽골학생들이 인터넷을 통해 한국 내 대학 강의를 수강할 수 있도록 해준다. 인터넷은 양국의 시민들이 디지털 공간을 통해 언제나 그리고 어디서나 원하는 경우에 쉽게 소통할 수 있도록 만들어준다.

당분간 한국학 연구는 세계화 과정과 맞물려서 전개될 것으로 전망된다. 가령 몽골과학아카데미 고고학회에서 몽골·한국 공동탐사대

33) "녹색 발전에 과학 분야의 역할" 국제학술대회에 한국뿐만 아니라 터키, 네팔, 이란, 중국, 러시아, 방글라데시에서 온 학자들이 참석했다(Шинжлэх ухаан академий н 2016оны товч тай лан, 2016, p. 27)

가 몽골지역에서 많은 문화 유적을 발굴하는 작업은 연구의 탈영토화 경향을 보여준다. 또한 역사학 연구에 있어서 몽골 학자들이 연구한 『고려사』 등 한국의 고전 문헌자료는 고대 국가들 역시 이미 세계적 차원에서 교류했음을 알려준다. 나아가 몽골에서 한국으로의 이주, 한국에서 몽골로의 자본의 이동, 한류문화의 파급 등과 같은 교류 현상은 한국사회를 이해하기 위해서는 지구적 관점이 필요하다는 것을 시사해준다. 인문사회학 분야뿐만 아니라 자연학 분야에서도 몽골과 한국의 과학자들이 지구적 차원에서 연구 프로젝트를 수행하고 있음을 알 수 있다. 몽골·한국 등 국제 고생물학자들이 공동 작업을 통해 몽골에서 데이노케이루스 공룡 표본을 발굴하고 한국의 실험실에서 그 실체를 밝혀내어 세계 공룡의 역사를 새로 쓰고 있는 것이 그 대표적 사례이다. 이러한 측면에서 보자면 현재 이루어지고 있는 한국과 몽골의 다양한 학문적 교류는 한국학 연구의 지평을 지구적 차원으로 나아가게 하는 매개 역할을 할 것으로 보인다.

참고문헌

Батцэрэп.Ц, “БНСУ-ын соёлын давалгаа, Монголын залуучуудад үзүүлж буй нөлөө”, 『Солонгос судлал』, 2016.

Баттөр.Ж, “1910-1930-аад оны Монголын ном, хэвлэлд Солонгосын тухай мэдээлж бай сан нь”, 『Солонгос судлал』, 2016.

Дай рий жав.Ж, “БНСУ-д ажиллаж буй хүмүүсий н ний гэм эдий н засагт оруулж буй хувь нэмрий г үнэлэх нь”, СЭЗДС. мастерий н ажил, 2007.

Ким Бура·Сун Биёнгү, “Монгол улсын аж үй лдвэрий н бодлого ба Солонгос улсын Монгол улстай хий х эдий н засгий н хамтын ажиллагаа өргөжих боломж”, 『몽골학』 49, 2017.

Лхагва.Б, “Зүүн хой д Азий н цэцэглэл хөгжил: Монгол, БНСУ-ын хамтын ажиллагаа, үүрэг роль”, 『Солонгос судлал』, 2016.

Сумьяабаатар.Б, “Солонгос бол Дундад зууны Монголын ховор номын сан”, 『Солонгос судлал』, 2016.

Сэрдарам.Д, “Монголчуудын цагаачлалын шинэ хэлбэр - Эдий н засгий н бодлогод нөлөөлж бай гаа нь”. 『Солонгос судлал』, 2016.

Үндэсний статистикий н газар. Хүн ам, орон сууцны 2010оны улсын тооллого. Гадаадад оршин суугаа Монгол Улсын Иргэд, 2011.

Цэрэндорж.Ц, “Монгол дахь Солонгосын түүхий н судалгааны өнөөгий н бай дал, хэтий н төлөв”, 『Солонгос судлал』, 2016.

Энхболд.И, "Монгол улс, БНСУ-ын эдий н засгий н харилцаан ы зарим асуудал", 『Солонгос судлал』, 2016.

Энхсай хан.Ж, "Умард Солонгосын цөмий н хөтөлбөр, цаашдын хандлага, нөлөө", 2016.

Эрдэнэчимэг.Г, "Юан Корй өгий н төрий н ураг барилдлагын о нцлог", 『Гадаад хэл соёл судлал』, №363(16).

Эрдэнэчимэг.Г, "Корй егий н ван чхүнсөнъ-ий хатан будширэн ий улс төрий н бай р суурь", 『Гадаад хэл соёл судлал』, №410(18).

Шинжлэх ухаан академий н 2009оны товч тай лан.

Шинжлэх ухаан академий н 2010оны товч тай лан.

Шинжлэх ухаан академий н 2011оны товч тай лан.

Шинжлэх ухаан академий н 2012оны товч тай лан.

Шинжлэх ухаан академий н 2013оны товч тай лан.

Шинжлэх ухаан академий н 2014оны товч тай лан.

Шинжлэх ухаан академий н 2015оны товч тай лан.

Шинжлэх ухаан академий н 2016оны товч тай лан.

한일관계와 한국학 관련 연구센터의 현황 및 활동, 그리고 과제 :

리쓰메이칸대학(立命館大學) 코리아연구센터의 경험을 중심으로

카츠무라 마코토*

1. 한국학연구센터의 일본 설치 현황

1-1. 들어가며

일본의 한반도에 관한 연구는 식민지 시절 조선총독부의 주도로 시작되었다. 백남운, 인정식 등 민간연구자들이 조선인의 입장에서 사회경제사 연구를 행한 적은 있으나, 일본인에 의한 연구의 대부분은 관의 영향력 하에 이루어졌다고 볼 수 있다.

1945년 패전과 함께 옛 식민지를 상실한 일본은 '단일민족신화'를 통해 이들과의 관계를 끊고자 했고, 조선연구는 공적인 위치를 잃고 말았다. 일본사회가 이웃나라 조선의 역사를 다시 의식하기 시작한 것은 1960년대였다. 박경식 등 재일조선인의 연구를 계기로 하타다 다카시旗田巍 및 가지무라 히데키梶村秀樹 같은 일본인 선각자들이 식민사관의 극복을 제기한 것이다.

* 勝村誠, 리쓰메이칸대학 코리아연구센터

이웃 한국에 대해 일본사회는 오랫동안-시민사회의 차원에서도-군사독재정권의 부정적인 이미지를 가지고 있었다. 그러다가 1970년대에 들어 한국중앙정보부의 김대중 납치사건, 김지하 필화사건 등을 계기로 독재정권과 '싸우는 민중'의 모습이 일본에 알려졌고, 일본 시민사회는 한일연대의 과제를 의식하게 되었다. 그와 아울러 행동하는 지식인, 종교인, 시민 등이 등장했다.

나아가 1980년대 이후에는 한국의 경제성장과 민주화의 진전, 냉전의 붕괴에 따라 한국 및 한반도 문제가 대중적인 차원에서도 일본사회에 널리 인식되기에 이른다. 또한 글로벌화가 전개되는 가운데 비약적으로 증가한 대규모 인적 이동은 동아시아의 문화적 교류 및 융합을 촉진시켰다. 한국은 해방 후 장기간 권위주의적 정권의 지배를 받았으나, 1980년대 후반에서 1990년대에 걸쳐 민주화를 이룩했으며 정치, 경제, 사회, 문화의 각 방면에서 도약을 거듭하여 세계의 주목을 받게 되었다. 그런 와중에 일본과의 관계는 더욱 강화되었고, 최근에는 '한류'라는 문화적 유행까지 출현했다.

1-2. 근대일본과 동양연구의 위상

근대일본의 대학제도를 통해 이루어진 지역연구, 역사연구를 거칠게 정리하자면 ① 자국의 역사와 문화에 학술적 정통성과 권위를 부여하는 일본연구, ② 일본사회의 근대화, 문명화를 위한 것으로 인식, 도입, 정착된 서양연구, ③ 근대화, 서양화를 이루기 위해 동양에 위치한 일본을 다른 동양(가장 강하게 의식된 것은 중국)과 구별하고자 했던 동양연구의 '삼분법'으로 나눌 수 있을 것이다.[1] 일본의 대학제도는 '중국연구를 중심으로 한 동양연구'에는 관심을 기울여왔지만, 조

1) 斉藤孝,『昭和史学史ノート:歴史学の発想』, 小学館, 1984.

선의 국가, 사회를 연구대상으로 삼는 전문적 연구소를 설치한다는 발상은 최근까지도 대단히 미약했다. 물론 1941년 도쿄제국대학에 설치된 동양문화연구소, 1952년 가쿠슈인대학學習院에 설립된 동양문화연구소를 통해 조선연구의 성과가 축적된바 있으며, 현재도 수준 높은 개별연구가 이루어지는 중이다. 그러나 한반도에 관한 이들의 연구는 어디까지나 동양문화연구의 일환일 뿐, '독립된 학문'으로서 한국학 혹은 코리아학을 수립한다는 발상은 보이지 않는다. 게다가 동양문화 연구의 일부로 간주된 조선반도 연구는 근대일본의 전통적인 '삼분법'적 세계인식에서 자유롭지 못하며, 동양의 후진성을 의식한 연구, 식민학으로서 전개된 조선연구의 속박에서 벗어나기 어렵다.

1-3. 일본에 설립된 한국학연구센터

이와 같은 일본의 지적 환경에서 '독립된 학문'으로서 한국학, 코리아학연구센터가 처음으로 설립된 곳은 큐슈대학 한국연구센터(1999년 12월 17일 발족)였다. 공식홈페이지를 보면 1998년 11월 당시 대한민국 국무총리였던 김종필이 "큐슈대학에서 강연하고 동 대학 명예박사 학위를 수여받은 일을 계기로 한국정부로부터 5년간 다액의 연구비를 지원받게 되었다. (중략) 이에 따라 (중략) 일본의 국공립대학에 최초로 '한국연구'에 종사할 연구시설로서 (중략) 동 센터가 개설되었다"고 한다.[2] 이시카와 쇼지石川捷治에 의하면 설립 후 5년간의 자금은 한국국제교류재단과 후쿠오카 한국상공회의소 등의 지원금으로 충당했으며, ① 한국연구의 세계적 네트워크 구축, ② 식민지 시기 조선의 민중생활 조사연구, ③ 한일 '공동생활권'에 관한 연구를 세 가지 중점분야로 내걸었다.[3]

---

2) 九州大学韓国研究センター公式ホームページ(http://rcks.kyushu-u.ac.jp/).

큐슈대학에 이어서 2003년 시즈오카현립대학靜岡縣立大學 현대한국조선연구센터, 2005년 리쓰메이칸대학 코리아연구센터, 2009년 게이오기주쿠대학慶應義塾大學 현대한국연구센터, 2010년 도쿄대학 현대한국연구센터, 2011년 도시샤대학同志社大學 코리아연구센터, 2011년 조선대학교 조선문제연구센터, 2013년 와세다대학早稲田大學 한국학연구소, 2017년 도쿄대학 한국학연구센터가 설립되었다(<표 1> 참조).

각 대학별로 연구소, 센터의 설립형태 및 설립 당시 확보한 자금에는 차이가 있으나, 이렇게 짧은 시간에 한국학 연구기관이 다수 생겨난 배경에는 한국의 정부 관계 기관, 재단이 제공한 지원금이 있었다. 큐슈대학이 한국국제교류재단으로부터 5년간 재정지원을 받은 사실은 앞에서 소개했다. 리쓰메이칸대학도 마찬가지로 2006년부터 3년간 동 재단의 지원을 받았다(후술). 2009년에 개설한 게이오기주쿠대학 동아시아연구소 현대한국연구센터도 같은 재단에서 지원을 받았음을 공식홈페이지에서 확인할 수 있다.[4] 도쿄대학 현대한국학연구센터도 2010년 설립당시 같은 재단의 지원을 받았다.[5] 2015년 대학원 종합문화연구과 한국학연구부문으로 발족한 도쿄대학 한국학연구센터(2017년 개칭)는 한국학중앙연구원의 지원을 받았다.[6]

3) 石川捷治,「刊行によせて」,『韓国研究センター年報』3·4, 2004.3, i.
4) 「現代韓国研究センター紹介」(http://korea.kieas.keio.ac.jp/about/5.html).
5) 木宮正史,「韓国学研究部門の開所にあたって」(http://www.cks.c.u-tokyo.ac.jp /about.html).
6) 木宮正史, 위의 글.

〈표 1〉 일본 내 한국학연구소, 연구센터 개괄

연구기관명	설립시기	설치형태	발행학술지
큐슈대학 한국연구센터	1999년 12월		『韓国研究センター年報』
시즈오카현립대학 현대한국조선연구센터	2003년	대학원 국제관계 연구과	
리쓰메이칸대학 코리아연구센터	2005년 6월	기누가사衣笠 종합연구기구	『コリア研究』
게이오기주쿠대학 현대한국연구센터	2009년 2월	동아시아연구소	
도쿄대학 현대한국학연구센터 (혼고本郷 캠퍼스)	2010년	대학원 정보환경	
도시샤대학 코리아연구센터	2011년 1월	연구개발 추진기구	
조선대학교 조선문제연구센터	2011년 11월		
와세다대학 한국학연구소	2013년 10월	종합연구기구	『韓国学のフロンティア』
도쿄대학 한국학연구센터 (고마바駒場 캠퍼스)	2017년(개칭)	글로벌지역 연구기구	

2. 리쓰메이칸대학 코리아연구센터 설립경위

2-1. 학내 한국연구의 시작

1990년대 후반 출범한 김대중 정권은 대담한 경제개혁조치를 통해 한국경제의 재정비를 도모하고, 조선민주주의인민공화국(북한)에 대한 협력, 화해정책을 추진함으로써 동아시아에서 그 존재감을 드러냈다. 일본에 대해서는 대중문화개방정책을 취하여 국민적 차원의 역사적 화해와 교류를 이루고자 했다. 이어서 출범한 노무현 정권은 한국

민주화의 성숙을 상징했다. 국내에서는 참여민주주의를 추진하는 한편, 평화와 번영의 '동북아시아 시대' 구상을 통해 한반도의 평화정착과 21세기에 들어 부상한 동북아시아 공동체의 문제를 적극적으로 제시했다. 이러한 과정을 통해 한일관계가 동아시아 미래의 핵심적 위치를 차지한다는 인식이 일본사회에도 널리 퍼지게 되었다.

리쓰메이칸대학에서는 1990년대부터 동 대학 국제지역연구소를 중심으로 모인 학내 교원 그룹이 자주적인 한국연구를 개시했다. 법학부 서승 교수가 대표를 맡은 '현대한국연구회'(1997~2000년), '21세기 동아시아의 안전보장과 인권' 연구팀(1998~2000년)이 생겨났는데, 특히 후자의 연구팀은 총 19회의 연구회를 열었으며 한국을 주제로 한 21편의 논문을 발표했다. 이어서 진행된 '동아시아의 화해와 평화' 연구프로젝트(2001~2003년)에서는 총 16회의 연구회를 통해 17편의 논문발표가 이루어졌다. 이들 연구회는 리쓰메이칸대학 코리아연구센터의 초석이 되었다.

2-2. 현대 한국연구의 본격적 전개

리쓰메이칸대학의 한일 연구네트워크 형성에 커다란 역할을 행한 것은 법학부 오쿠보 시로大久保史郎 교수의 발안과 노력으로 획득한 문부과학성 과학연구비 기반연구(B) "현대한국과 법·정치구조의 전환"(1999~2001년)과 동 기반연구(A) "현대한국의 안전보장과 치안법제의 실증적 연구"(2002~2004년)였다. 전자는 법학 분야의 '민주주의법학연구회', '법과 사회 연구회' 등에 모이던 한국 측 연구자가 대거 참가한 첫 연구프로젝트였다. 여기에 다수의 법학부 소속 교원이 참가하여 1980년대 후반 이후 한국의 민주화 과정을 헌법, 형사법, 노동법 등 여러 분야에서 분석했다. 연구프로젝트가 성공을 거둔 데는 한국

측 연구조직을 기획, 담당한 한인섭 교수(서울대학교 법학연구대학원)와 김창록 교수(경북대학교 법학전문대학원)의 헌신적인 공헌에 힘입은 바가 컸다. 한일공동으로 이루어진 이 연구프로젝트는 15회의 연구회를 통해 28편의 논문을 발표했고, 그 성과가 오쿠보 시로·서승 편, 『현대 한국의 민주화와 법·정치구조의 전환(現代韓国の民主化と法·政治構造の転換)』(日本評論社, 2003)으로 결실을 맺었다. 이를 계승한 후자 기반연구(A)는 연구영역을 안전보장과 남북관계로 확장했다. 한일양국에서 5회의 공동연구회를 개최했으며 36편의 논문이 발표되었다. 그 가운데 16편이 서승 편, 『현대한국의 안전보장·치안법제의 실증적 연구(現代韓国の安全保障·治安法制の実証的研究)』(法律文化社, 2005)로 간행되었다.

이러한 연구프로젝트와 관련하여 경제학 분야에서는 마쓰노 슈지松野周治 경제학부 교수를 중심으로 기반연구(B) "북동아시아 지역경제 협력의 진전과 전제조건에 관한 연구"(2003~2005년)가 이루어졌으며, 그 성과가 『동북아시아 공동체로의 길: 현황과 과제(東北アジア共同体への道—現状と課題)』(마쓰노 슈지·하강夏剛 편, 文眞堂, 2006)로 간행되었다.

2-3. 북동아시아 전문가 회의

2000년 6월 15일 역사적인 남북공동선언이 이루어졌다. 이를 계기로 리쓰메이칸대학 국제지역연구소는 향후 동아시아 국제관계의 급속한 발전에 대비하기 위해 '북동아시아 전문가 회의'를 결성했으며, 외교관과 기업가, 저널리스트 등 아카데미즘의 틀에 구애받지 않고 다양한 사람들을 초대하여 다각적인 논의를 나누었다. 그 결과 리쓰메이칸대학은 한국학연구의 광범한 인적 네트워크를 형성할 수 있었다. 전문

가 회의에서는 50회 이상의 연구회가 열렸고, 국제 심포지엄을 두 차례 개최했다(서울, 교토). 그 중 한국과 관련해서는 심포지엄 "한국·조선 정상회담과 북동아시아 새로운 전개의 가능성"을 통해 도요시타 나라히코豊下楢彦「지각변동의 구조」, 이종석「김대중의 햇볕정책과 제2차 남북정상회담」, 서동만「남북관계의 현황과 과제: 북미관계를 어떻게 극복할 것인가」, 오코노기 마사오小此木政夫「북일정상회담, 그 성과와 전망」 등 18편의 연구발표가 이루어졌다. 그리고 다카노 고지로高野幸二郎 북일 교섭 특명대사를 초청하여 연구회를 열기도 했다. '북동아시아 전문가 회의'는 위의 성과들을 정리하여『동북아시아 시대의 제언: 전쟁의 위기를 평화구축으로(東北アジア時代への提言ー戦争の危機を平和構築へ)』(서승·마쓰노 슈지·하강 편, 平凡社, 2003)를 내놓았다.

2-4. 리쓰메이칸대학 코리아연구센터의 설립

이와 같은 과정을 토대로 서승 교수를 비롯한 학내 교원 그룹은 2005년 2월 '리쓰메이칸대학 연구소·센터 설치규정'에 근거하여 연구센터(국제지역연구소 부속연구센터(B))의 설립신청서를 제출했고, 2005년 6월 1일자로 리쓰메이칸대학 코리아연구센터(초대 센터장 서승 교수)가 설립되었다(연구기간: 2010년 3월 31일까지 4년 10개월). 코리아센터라는 명칭에는 한반도의 남북분단을 고려하여 대한민국만을 연구대상으로 삼는 것이 아니라 남한과 북한, 재일조선인 사회, 나아가 코리아에 초점을 맞춘 동아시아 지역을 일본과의 관계를 통해 분석하겠다는 뜻이 담겼다.

당시 리쓰메이칸대학은 코리아연구센터 설립의 배경으로서 다음 사항들을 특기했다. ① 동 대학은 '평화와 민주주의'를 교학이념으로 삼는 일본에서 가장 진보적인 대학 중 하나이며, 많은 연구자와 학생이 소속된 일본을 대표하는 유수한 사학이다. ② 동 대학은 한국, 중국 등 동아시아를 중심으로 한 국제 이해와 교류에 적극적으로 참가하고 있으며 아시아연구에 중점을 두고 있다. ③ 동 대학은 재일한국·조선인이 가장 많이 거주하는 간사이關西지방에 위치할 뿐만 아니라 이들 재일한국·조선인 학생을 가장 많이 받아온 전통을 가지고 있다. 많은 수의 한국인 유학생이 있으며 지원을 아끼지 않고 있다. 이에 더해 ④ 리쓰메이칸대학은 1995년 전후 50년을 기하여 학도병에 동원된 조선인 학생, 동원을 거부하여 퇴학 처리된 조선인·대만인 학생에 대해 일본에서 처음으로 사죄의 뜻을 표명하고 특별졸업증명서를 수여한 대학이다. 북한, 한국을 비롯한 아시아 각국의 민족과 마음에서 우러나는 화해와 공감을 만들어가기 위해 노력해왔다.

그리하여 – 상술한 한국 및 동아시아 연구를 기반으로 – 2005년 6월 일본의 사립대학으로서는 처음으로 (큐슈대학 한국연구센터에 이어서) 현대 한국에 대한 연구, 교육, 문화교류를 전문적으로 실시하는 리쓰메이칸대학 코리아연구센터(RiCKS: Ritsumeikan Center for Korean Studies)가 발족했다.

발족과 동시에 제1회 RiCKS 국제심포지엄 "창립기념 심포지엄, 동북아시아시대와 현대 한국·일본"(6월 24~25일)을 개최했다. 장영달 씨(당시 한국 국회 국방위원회)가 기조강연을 맡았고, 안전보장분야에 정통한 일본, 한국, 재일조선인 전문가들을 초대했다. 제1회 RiCKS 국제심포지엄의 성과는 제3회 RiCKS 국제심포지엄 "한반도의 평화와 동북아시아 안전보장: 다원적 구상"(2006년 12월 8~10일)의 성과와 함께, 서승 감수, 『북한이 핵을 포기하는 날: 한반도의 평화와 동북아시아 안전보장을 향해(北朝鮮が核を放棄する日－朝鮮半島の平和と東北アジアの安全保障に向けて)』(晃洋書房, 2008)로 출판되었다.

2-5. 한국국제교류재단의 지원과 취소

코리아연구센터의 설립과 운영은 대학 내외로부터 다양한 도움과 기부를 받았다. 발족 당시에는 앞서 소개한 기반연구(A) "현대한국의 안전보장과 치안법제의 실증적 연구"의 자금이 운용되었다. 그 뒤 2006년도부터 2010년도까지 5년간 한국국제교류재단(KF: Korea Foundation)의 재정지원을 통해 본격적인 활동을 시작하게 되었다.

2008년 KF에 한국학 교수직 설치를 신청하고 문학부에 한국학 강좌를 개설하여 당시 코리아연구센터 전임연구원이었던 안자코 유카庵迫由香 씨를 충원했다. 2008년 12월 24일 리쓰메이칸대학 가와구치 기요후미川口清史 당시 총장에게 한국국제교류재단 이사장의 결정통지서가 도착했고, 리쓰메이칸대학과 KF 사이에 MOU가 체결되었다. 협정 내용은 한국학 교수직 경비를 KF와 리쓰메이칸대학이 5년간 절반씩 부담하는 것, 1년차 조성금 6만7천 달러를 지원하는 것이었다. 이에 의거해 리쓰메이칸대학은 2009년 4월 신학기에 맞추어 개강을 준비했으나, 한국에서는 정권교체가 이루어지고 2009년 초에 한국국제교류재단 이사장이 바뀌었다. 그리고 신학기가 시작된 4월에 결정을 취소하는 통지서가 보내졌다. 정권교체나 재단이사장의 교체가 있었을지언정, 이미 학생모집이 끝나고 신학기가 시작된 시점에서 일방적으로 국제협정을 파기하는 행위는 - 국제적 관례에 비추어보아도, 상식적으로도 - 도저히 이해할 수 없는 일이었다. 결국 교수직을 유지하기 위해 리쓰메이칸대학이 한국국제교류재단이 부담하기로 한 금액까지 전부 떠맡는 상황이 벌어졌다. 다행히 그 후 교수직은 성공적으로 운영되었고 그 결과 이제는 문학부에 정착했지만, 역사적으로 기록해두어야 할 사태일 것이다. 게다가 한국국제교류재단은 교수직 지원은 물론, 이미 결정된 사항이었던 2009, 2010년도의 지원금을 전부 중단했다는 점도 부기해둔다.

2-6. 『월간조선』의 비방 중상 사건

한편 2009년 11월 18일 발행된 『월간조선』 12월호에 「리쓰메이칸대학 코리아연구센터 "한국정부 지원금 받아 연방제 통일 옹호, 조총련계에 장학금 줘"」라는 제목의 특집기사가 총 10쪽에 걸쳐 게재되었다. 코리아연구센터와 서승 센터장에 대해 중상 비방을 가한 이 사건 또한 짚고 넘어가지 않을 수 없다. 『조선일보』 계열인 『월간조선』은 같은 호에서 한국의 전 대통령 김대중 씨를 비방하는 특집기사를 꾸미고 있었다. 리쓰메이칸대학은 코리아연구센터가 설립된 후 약 1년간의 준비기간을 거쳐 2006년 10월 30일 김대중 씨를 초대하여 명예법학박사 수여식과 강연회를 개최했다. 전날에는 동 센터의 발족을 축하하는 의미에서 김대중 씨가 휘호하고 문재 채의진 선생이 조각한 간판의 제막식이 열렸다. 김대중 전 대통령은 어려운 시대에 한국 민주화를 위해 분투했으며, 2000년 남북정상회담 및 공동선언을 실현한 평화, 화해, 통일의 전령으로서 노벨상을 수상한 인물이다. 동 대학은 민주적인 절차를 거쳐 그에게 박사학위를 수여했다. 그런데 『월간조선』의 기사는 리쓰메이칸대학이 김대중 씨에게 명예박사학위를 수여한 사실을 비난하고, 그 일환으로 코리아연구센터 및 서승 개인을 비방하는 내용으로 이루어져 있었다. 무엇보다 『월간조선』의 기사는 48군데가 사실이 아니며, 동 대학과 동 센터에 대한 확인이나 증거채집을 위한 취재는커녕 정보부 인물로 추정되는 익명의 증언에만 의존하는 치명적인 결함을 가지고 있었다. 법적으로 현저한 하자가 있는 기사였다.

전부 10쪽에 걸쳐 게재되었으며 표지에도 커다란 제목이 실린 이 기사는 광고 및 인터넷 기사로의 전재를 통해 광범위하게 유포되었고,

그로 인해 리쓰메이칸대학, 코리아연구센터 및 관계자들의 명예와 존엄에 상처를 주었을 뿐만 아니라 코리아연구센터의 사업에까지 부정적인 영향을 끼쳤다.

이에 서승 교수는 주식회사 월간조선사 및 기사 집필자 김남성 기자를 상대로 서울지방법원에 기사의 정정과 사죄광고게재, 손해배상을 청구하는 소송을 2010년 1월 11일에 제출했다. 재판은 이듬해인 2011년 손해배상 2천만 원과 기사의 정정 및 사죄광고게재를 강제 중재하는 형태로 마무리되었다.

이 사건에서 가장 중요한 점은 『월간조선』이 외국 소재 대학의 학술연구기관인 리쓰메이칸대학 코리아연구센터의 연구사업과 문화사업을 자의적으로 해석하여 '반(反)한국적'이라는 왜곡된 증상에 불과한 정치적 딱지를 붙임으로써, 자유로운 연구 활동에 손상을 입힌 것은 물론 한국인 유학생의 적극적 유치 및 동아시아, 한국과의 교류에 특별히 노력해온 리쓰메이칸대학의 명예를 심각하게 훼손했다는 점이다. 일본에 한국의 학술과 문화를 널리 알리고 그 향상에 힘써온 연구기관을 매도한 이와 같은 행위는 동시에 한국에도 커다란 손실을 가져오는 결과를 낳고 말았다.

3. 리쓰메이칸대학 코리아연구센터의 활동과 성과

여기에서는 2005년 설립된 이후 현재에 이르기까지 코리아연구센터의 연구 활동에 대해 사업별로 정리해보겠다.

3-1. RiCKS 국제심포지엄

학술연구기관인 코리아연구센터의 중심사업은 연구회와 국제심포지엄이다. 동 센터가 주최한 국제심포지엄은 모두 16회에 이르며, 공동개최 및 기관 차원에서 참가한 해외심포지엄은 18회다. 그 외 심포지엄이나 강연회, 연구모임 등을 56회 개최했고, 현재 3건의 한일(중) 공동연구를 진행하고 있다.

창립 심포지엄 이외에 주목할 만한 것은 동 센터와 한국 '창작과비평사'가 공동주최한 제2회 RiCKS 국제심포지엄 "동아시아에 발신, 확산되는 한국문화와 그 힘의 가능성"(2006)이다. 한류 현상을 일방적인 것으로 다루지 않고 동아시아 내부에서 종횡으로 왕래, 교류하는 문화 전파 및 문화융합으로 파악함으로써, 일찍이 서구문화를 일방적으로 수용해왔던 동아시아가 발신하는 문화의 창조력에 주목했다. 그리고 심포지엄의 성과를 서승·황성빈·안자코 유카 편, 『'한류'의 안과 밖: 한국문화의 힘과 동아시아 융합반응(「韓流」のうちと外韓国文化力と東アジアの融合反応)』(御茶の水書房, 2007)의 출판을 통해 심포지엄의 성과를 사회에 확산시켰다.

2008년 제5회 RiCKS 국제심포지엄 "한반도의 화해, 협력 10년: 평가와 전망"은 김대중 전 대통령의 리쓰메이칸대학 방문과 기념강연을 계기로 기획되었다. 정세현(전 통일원장관), 문정인(연세대학교 교수, 동북아시아위원회 위원장), Evans Revere(Korea Society부회장, 전 미국무부 차관보), Leon Sigal(전 뉴욕타임스 논설위원), Gavan McCormack(호주국립대학 교수), 이와쿠니 데쓴도岩国哲人, 서충언(재일조선인 총연합회 국제국장), 오카모토 아쓰시(이와나미 서점岩波書店 『세카이世界』 편집장), 주건영(朱建榮, 동양학원대학 교수) 등 쟁쟁한 인물들이 모여 김대중, 노무현 정권의 한반도 평화·통일정책, 그리고 북한에 대한 화해·협력정책을 전면적으로 검

토했다. 심포지엄의 성과는 김대중 전 대통령의 강연록과 함께 서승·나카토 사치오中戸祐夫 편, 『한반도의 화해·협력 10년: 김대중, 노무현 정권의 대북한정책 평가(朝鮮半島の和解·協力10年－金大中, 盧武鉉政権の対北朝鮮政策の評価)』(御茶の水書房, 2009)로 출판되었다.

제6회 RiCKS 국제심포지엄 "부유하는 재일코리안: 동화와 차별의 사이에서"(2008)는 재일조선인 문제를 다양한 각도에서 검토하는 내용으로 이루어졌다. 대단히 흥미로운 심포지엄이었으나 유감스럽게도 서적출판은 이루어지지 못했다. 제10회 RiCKS 국제심포지엄 "언어 속의 한일관계"(2010)에서는 한국어 교육, 재일조선인의 조선어, 한국어 통역, 한일번역 등의 문제에 대해 언어학 및 문화인류학적 관점에서 접근해 보았다. 심포지엄의 내용은 서승·오구라 기조小倉紀蔵 편, 『언어 속의 한일관계: 교육·통번역·생활』(明石書店, 2013)로 정리되었다.

3-2. 학술협정과 공동연구

리쓰메이칸대학 코리아연구센터는 동국대학교 북한학연구소, 건국대학교 통일인문학연구단, 조선대학교 조선문제연구센터, 독립기념관 한국독립운동사연구소 등, 21개의 대학 및 연구기관과 학술교류협정을 맺고 있다. 그 중에서도 현재 특히 활발히 교류를 나누고 있는 세 개의 공동연구에 대해 소개한다.

① "동아시아 지역 안전보장" 국제학술회의

리쓰메이칸대학 코리아연구센터는 동국대학교 북한학연구소와 2009년 11월 6일 학술교류협정을 체결하고, 국제심포지엄 "신 국제협조시대와 동아시아"를 개최했다. 이를 계기로 공동연구를 지속했고, 2014년도부터는 길림대학 동북아시아연구원도 참가하여 3개 대학이 "동아시아 지역 안전보장"을 주제로 국제학술회의를 진행하고 있다. 특히 남북분단 문제가 한반도의 남북만이 아니라 중국 및 일본의 안전보장과도 밀접한 관련을 지니고 있음을 구체적으로 분석하는 중이다. 평화 실현을 위한 대안과 출구를 찾는 작업에 있어서 국제정치학, 국제관계학, 군사연구 등의 전문가가 보여서 현실주의적 접근을 논의하는 것에는 구조적인 모순이 존재한다는 위기의식 아래 다양한 접근법을 모색하고 있다.

② 통일인문학 세계포럼

리쓰메이칸대학 코리아연구센터는 2014년도부터 건국대학교 통일인문학연구단, 연변대학 민족학연구소, 조선대학교 조선문제연구센터의 4개 대학과 '통일인문학 세계포럼'을 개최해왔다. 동 포럼은 남북으로 분단된 채 세계 각지에 퍼져나가고 있는 조선민족의 민족적 일체성을 인문학연구를 통해 확인하려는 목적을 가지고 있으며, 한반도 '분단의 트라우마'와 그 극복을 중심적인 학술과제로 삼고 있다. 확산하는 코리안 마이너리티의 시점에서 동아시아 지역을 바라봄으로써, 각 국민국가의 메이저리티에게는 잘 보이지 않는 인권, 국적, 차별, 편견의 문제를 명확하게 드러낼 수 있을 것이다. 또한 한중일의 공동연구에 코리안 마이너리티가 참가함으로써 일국사적 발상을 넘어선 유기적인 국제 연구네트워크 형성의 가능성도 점차 열리고 있는 중이다. 앞으로 '분단의 트라우마' 연구를 동아시아 지역의 가해자와 피해자가 모두 가지고 있는 '역사인식문제의 트라우마'로 응용해나갈 계획이다.

③ 독립기념관 한국독립운동사연구소와의 국제학술회의

리쓰메이칸대학 코리아연구센터는 독립기념관 한국독립운동사연구소와 2013년 9월 7일 학술교류협정을 맺었고, 관동대지진 90주년 국제심포지엄 "관동대지진 조선인 학살로부터 90년, 국가폭력과 식민지주의를 넘어서"를 리쓰메이칸대학에서 개최했다. 그리고 2014년 "동학농민운동 120년·청일전쟁 120년 기념: 1994·1995년의 역사상과 동아시아의 역사교육", 2015년 "치안유지법 제정으로부터 90년: 식민지조선과 전전戰前 일본을 통해 현대를 묻는다", 2017년 "윤봉길 의거와 세계평화운동" 등 거의 매년 국제학술회의를 열었으며 한국독립운동사연구소의 위탁연구도 추진 중이다. 동 연구소와의 공동연구를 통해 한국과 일본 사이에 걸쳐져있는 역사인식문제의 중대성을 새삼 인식할 수 있었다. 나아가 역사인식문제를 그저 갈등의 요인으로만 여길 것이 아니라 오히려 상호이해의 계기로 삼을 수도 있음을 깨달았다.

3-3. 역사연속강좌

역사연속강좌는 식민지 시대 조선에 관심이 있는 시민을 대상으로 삼고 있으며, 2007년 11월부터 2008년 12월까지 8회의 강좌가 열렸다. 나카쓰카 아키라中塚明(나라여자대학奈良女子大学 명예교수), 미즈노 나오키水野直樹(교토대학), 야마다 쇼지山田昭次(릿교대학立教大学 명예교수), 허수열(충남대학교), 마쓰다 도시히코松田利彦(국제일본문화연구센터) 등 저명한 교수들의 강연이 시민들의 큰 관심을 받았다. 이와 관련하여 2010년 리쓰메이칸대학 국제평화뮤지엄, 한국 민족문제연구소와 공동으로 리쓰메이칸 창시 140년·학원창립 110주년 기념 '한국병합' 100년 특별전시 "거대한 감옥, 식민지조선에 살다"를 개최했고, 이를 미즈노 나오키·안자코 유카·사카이 히로미·카츠무라 마코토 공편, 『도록 식민지조선에 살다: 한국 민족문제연구소에 소장된 자료를 중심으로(図録植

民地朝鮮に生きる－韓国·民族問題研究所所蔵資料から)』(岩波書店, 2012)를 발행했다.

3-4. 월례연구회와 특별연구회

코리아연구센터는 설립 이래 기초적 연구 활동으로서 월례연구회를 매달(각 계절별 휴식기를 제외한 8회) 개최해왔다. 박사 후 연구원을 중심으로 국내의 젊고 우수한 연구자들에게 발표의 자리를 마련함과 동시에, 간사이 지역에서 활동하는 한국인 연구자를 적극적으로 초청하여 새로운 연구동향을 듣고자 노력했다. 오는 10월 26일 제99회 연구회로서 신자토 요시노부新里喜宣(일본학술진흥회 특별연구원(PD))의 '한국무속담론의 여러 모습: 미신, 문화, 종교로서의 무속인식' 발표가, 그리고 11월 30일에는 기념비적인 제100회 연구회에서 이인재(한신대학교 교수) '한국의 사회적 경제와 소셜 벤처 정책' 발표가 예정되어 있다.

3-5. 차세대 연구자 포럼

차세대 연구자 포럼은 젊은 연구자 육성을 위한 프로그램으로서 동 센터가 생겨났을 때부터 가장 중요시해온 행사다. 2006년부터 2016년까지 매년 여름 젊은 연구자 20여 명을 초빙하여 10명 정도의 협력교수와 3박 4일간 연구발표 및 토론을 나누는 대단히 밀도 높은 프로젝트였다(2017년도부터 중지 중). 젊은 연구자들에게 절차탁마의 기회를 제공할 뿐 아니라 그들 사이에 네트워크를 형성하여 경력 축적에도 공헌할 수 있었다. 포럼 첫날에는 저명한 연구자의 기조강연을 듣는 형태가 제1회부터 지속되었다. 포럼의 진행에 있어서 후지나가 다케시藤永壮(오사카산업대학) 교수를 비롯한 교토 코리아학 컨소시엄(후술) 대학교원 관계자분들의 친절한 협력이 큰 힘이 되었다.

3-6. 영화페스티벌과 상영회

RiCKS 영화페스티벌은 2006년부터 2010년까지 매년 가을 문소리, 최민식, 안성기, 김혜수, 설경구 등 한국 영화계를 이끄는 배우들을 초대하여 3일간 주요 출연작품을 상영하고 심포지엄과 토크를 개최했다. 이와 같은 기획은 한국에서도 이루어진 적이 없으며, 내외의 많은 주목과 동시에 일본 내 한류 팬들에게도 큰 환영을 받았다. 이를 통해 동 센터의 지명도 및 인식도가 크게 상승한 것은 물론이고, 명작 한국영화를 통해 현대 한국사회에 대한 이해도를 높이는 일에도 기여했다. 이와 관련하여『여배우 문소리가 이야기하는 한국영화의 매력(女優ムン·ソリが語る韓国映画の魅力)』(かもがわ出版, 2007),『최민식: 행동하는 연기자(チェ·ミンシクー 行動する役者)』(かもがわ出版, 2008),『안성기: 한국영화와 그 시대(アン·ソンギー韓国映画とその時代)』(かもがわ出版, 2009)를 출판했다.

2010년부터 시작한 한국 다큐멘터리 영화 상영회와 감독 토크는 총 10회 개최에 이르고 있다. 한국의 현실을 고발한『두 개의 문』,『천안함 프로젝트』같은 날카로운 다큐멘터리 영화의 상영은 '열린 센터'로서 사회에 공헌한다는 의미를 가지며, 시민들의 한국 이해 및 접근에도 긍정적인 효과가 있었다. 그 외에도 무용, 노래, 미술 관련 문화행사를 개최했으며, 다른 연구소나 학부, 학회 등의 한국 관련 행사에도 다양한 형태로 협력해왔다.

3-7. 연구성과의 사회적 발신

코리아연구센터의 출판물을 소개한다. 연구 성과를 묶은 '코리아연구센터 연구총서' 7권과 한국영화페스티벌 소책자 3권의 단행본 출판을 비롯해서 '차세대포럼 보고집' 4권, 심포지엄 자료집, 도록 등 다양한 출판물을 선보이고 있다. 그 중에서도 가장 중요한 것으로서 2010년도 이래 8호까지 출판한 동 센터의 학술지『코리아연구コリア研究』의 발행을 들 수 있다. 그해의 중요한 학술활동을 토대로 매번 특집을 꾸몄으며, 논문발표의 자리를 만들기 위해 응모논문을 게재했다. 또한 한국 인문사회과학 분야의 중요한 신간서적을 소개하는 한편, 동 센터의 활동일지도 싣고 있다. 나아가 각 호마다 3명 정도 조선사회과학원 연구자의 기고를 받아 이를 소개하는 구성을 취하고 있다. 학술계까지 봉쇄된 현재 북한의 상태에서 일본을 포함하여 한국이나 구미에도 보이지 않는 시도라 할 수 있는바, 동 센터의 개방적인 측면을 드러내준다.

3-8. 헤이트 스피치 대응

최근 일본정치의 우경화에 따라 헤이트 스피치가 급격히 늘어나고 있다. 리쓰메이칸대학에서도 2014년 1월 10일 동 대학의 재일조선인 여성교원에 대한 헤이트 스피치 사건이 발생했다. 이에 '리쓰메이칸대학 헤이트 스피치 사건 해결을 촉구하는 유지有志'의 모임이 결성되어 적극적인 행동에 나섰다. 동 센터는 같은 해 10월 9일 "헤이트 스피치와 인종주의를 묻는다: 일본사회와 교육현장의 모습"이라는 RiCKS 특별연구회를 열었고, 10월 25일에는 리쓰메이칸 토요강좌에 기도 에이치木戸衛一(오사카대학 대학원 국제공공정책연구과) 교수를 초빙하여 "헤이트 스피치와 인종주의를 생각한다: 마르크 블로크『역사를 위한 변명』을

중심으로"라는 강연회를 개최했다. 그리고 11월 8일 히로시마대학에서 『끝나지 않은 전쟁終わらない戦争』을 감상하는 헤이트 스피치 연구회 Ⅵ이 열렸다. 2018년 1월 17일 리쓰메이칸대학에서는 동 대학과 서울대학교 아시아연구소, 프랑스 파리 디드로대학이 공동으로 주최한 "증오와 공포를 넘어서: 아시아와 유럽은 헤이트 스피치에 어떻게 대항하는가"라는 국제학술회의가 열렸다. 헤이트 스피치는 현재 재일조선인은 물론 세계의 마이너리티들이 가장 우려하는 문제 중 하나다. 동 센터는 전력을 다한다는 각오로 이 문제에 맞설 것이다.

4. 연구자금의 확보와 학내외의 평가

2009년 한국국제교류재단의 조성금이 취소되면서 동 센터는 재정문제를 겪었다. 그렇지만 리쓰메이칸대학이 연구기구를 개편하여 R-GIRO(리쓰메이칸 글로벌 이노베이션 연구기구) 프로그램(2009~2013년도 특정영역형 연구프로그램)을 신설했고, 동 센터는 특정영역형 R-GIRO연구 프로그램(인문사회과학계 연구영역)에 "동북아시아·한반도와 일본의 소통 및 협동: 평화구축의 시점에서"라는 연구주제로 선정되었다. 이어서 다음 단계로 시작된 '거점영역형 R-GIRO연구프로그램'에 국제관계학부와 제휴한 "올All 리쓰메이칸 학제통합형 평화연구거점"(2013년 10월~2016년 3월)이 선정되었다. 앞서 소개한 다양한 연구활동은 이러한 자금의 활용을 통해 이루어진 것이다. 이를 통해 동 센터는 리쓰메이칸대학 내에서 연구센터로서 명실공히 확고한 위치를 구축하게 되었다. 게다가 2014년도에는 일본정부 문부과학성의 '사립대학 전략적 연구기반형성 지원사업(私大戰略)'(2014~2016도)에 선정되었다. 외부자금 획득을 통해 리쓰메이칸대학 내 연구부문의 여러 활동에도 도움을 주게 된 것이다. 그 덕분에 설립 당시 2010년 3월 31일까지로 정해졌던 코리아연구센터 설치기간은 우선 2015년 3월 31일까지 5년간 연장되었고, R-GIRO와 사대전략의 연구프로젝트가 진행되면서 2017년 3월 31일까지 늘어났다. 동 센터는 2018년 3월 31일까지 새로운 전개를 위해 자금계획 및 사업계획을 재검토하는 기간을 부여받았는데, 그 결과 2018년 1월 상임이사회는 코리아연구센터를 -동일한 명칭으로- 신설할 것을 승인하여 2028년 3월 31일까지 존속하기로 결정되었다.

5. 앞으로의 활동계획

5-1. 연구 조직

2018년 4월 새롭게 출발한 리쓰메이칸대학 코리아연구센터(2018년도 센터장: 가쓰무라 마코토)는 17인의 운영위원이 ① 안전보장(대표: 나카토 사치오), ② 역사이해(대표: 안자코 유카), ③ 사회성숙(대표: 문경수), ④ 코리안 마이너리티(대표: 정아영), ⑤ 동아시아 경제(대표: 가네마루 유이치金丸裕一)의 다섯 개 연구 유닛을 조직하여 유기적이고 종합적인 연구에 착수했다.

① 안전보장 유닛은 주로 국제정치학의 관점에서 동아시아 안보위기의 양상을 동태적으로 파악하고 평화의 길을 모색한다.

② 역사이해 유닛은 역사학과 정치학의 관점에서 역사인식문제를 정치외교문제로 부상시키는 동학을 분석하는 동시에 이를 자제할 수 있는 방안을 찾는다.

③ 사회성숙 유닛은 정치학과 사회학의 관점에서 동아시아 국제정

치를 관찰하고 시민사회의 성숙으로 나아갈 방향성을 검토한다. 물론 동아시아 지역에서 평화를 실현하기 위해서는 역내 다양한 마이너리티와의 공생이 반드시 요구된다.

④ 코리안 마이너리티 유닛은 주로 사회학, 인류학, 경제학의 관점에서 동아시아에 확산되고 있는 코리안 마이너리티의 동향을 파악하고 메이저리티의 시야에는 잘 들어오지 않는 여러 문제를 확인하는 한편, 이를 극복할 수 있는 방법을 찾는다.

⑤ 동아시아 경제 유닛은 정치경제학과 경제사의 입장에서 한중경제교류와 양안관계에 초점을 맞추고, 안전보장 및 역사이해의 토대가 될 동아시아 경제의 최신 동향을 파악한다.

5-2. 연구 목적

코리아연구센터는 각 유닛의 연구 성과를 통합하고, 동아시아 연구네트워크에 입각한 '역사화해전문가 회의'를 통해 지속적인 대화를 추진하며, 갈등과 대립을 최소화하면서 '상호이해=공공의 기억'을 형성함으로써 동아시아의 평화구축에 기여하고자 한다. 이는 다시 말해 동아시아 '부負의 유산'을 해소하려는 시도이며, 그런 의미에서 동 센터의 연구프로젝트는 동아시아에서 제기된 실로 중대한 사회적 요청에 관한 대답이다. 가령-일본군 '위안부' 문제가 잘 보여주듯이-역사적 피해자의 '고통의 기억'에 대해 가해자가 아무런 이해도 가지지 못하는 경우, 트라우마를 껴안고 있는 피해자의 고통은 더욱 커질 수밖에 없다. 한편 가해자 역시 가해자로서의 '고통의 기억'에서 자유로워질 수 없다. 동아시아 지역에서 역사인식의 상호이해를 다져나가기 위해서는 가해자와 피해자가 '고통의 기억'을 어떻게 드러내 보이고, 이를 어떻게 공유할 것인가, 즉 '공공의 기억'을 어떻게 재생산할 것인가가 중요하다. 동 센터의 학술적 특색은 이를 위한 정책지향적 연구, 그러니까 '공공의 기억'을 통해 '고통의 기억'을 해소하고 화해로 나아가기 위한 공동작업을 중시한다는 점에 있다.

5-3. 연구 체제

2018년도에는 리쓰메이칸대학 코리아연구센터가 중요한 거점이 되는 연구프로젝트, '북한문제에 대한 종합적 연구: 북한문제의 장기화와 국제화의 시점을 통한 재구축'(2018~2020)이 학내연구 지원프로그램(리쓰메이칸 아시아·일본연구기구 아시아·일본연구추진 프로그램)에 채택된 덕택에 젊은 박사 후 연구원을 전임연구원으로서 고용할 수 있었다(2017년도에는 전임연구원이 없었다). 동 연구프로그램은 기존의 북한연구가 북한체제의 '강인함'과 '자율성'을 과소평가한 부분적인 이해에 그쳤다는 점을 지적하고, 국제적이며 종합적인 시야에 입각한 북한연구를 확립하려는 것이다. 앞서 말한 코리아연구센터의 각 유닛과 유기적으로 연계하면서 더욱 고도화된 연구를 추진하고자 노력 중이다.

6. 맺음말

동 센터는 ① 높은 연구역량, ② 다양하고 심도 있는 학술, 문화 활동, ③ 광범한 연구네트워크, ④ 시민사회와의 밀접한 연계, ⑤ 일본과 한반도·남북조선·재일조선인 사이의 객관적이고 공정한 자세, ⑥ 동아시아 속에 한반도를 자리매김하는 시야 등 모든 점에서 활력 넘치는 세계 유수의 코리아연구센터임을 자부한다. 오늘날 코리아연구센터가 차지하는 이러한 위치와 사회적 평가는 13년 이상에 걸친 일본, 한국, 재일조선인 연구자 및 시민 여러분들의 헌신적이고 열의에 넘치는 참가와 협력, 지원이 있었기에 가능했다. 이 자리를 빌려 감사의 말씀을 전하는 것을 용서해주길 바라며, 미흡한 보고를 마치도록 하겠다.

韓日関係と韓国学関連研究センターの現状と活動そして課題

－立命館大学コリア研究センターの経験を中心に－

勝村誠*

1. 日本における韓国学研究センターの設置状況

1-1. はじめに(前史)

日本における朝鮮半島についての研究は、植民地下、朝鮮総督府の主導によって始まった。白南雲、印貞植など、朝鮮人の民間研究者による社会経済史研究など、朝鮮人の立場からの研究はあったものの、日本人による研究の大部分は、官主導の範囲を脱しなかったと評価して差し支えないであろう。

1945年の敗戦後、旧植民地を剥奪された日本は「単一民族神話」に寄りかかって、旧植民地との絶縁を意識したため、朝鮮研究は公的な場から追い出された感があったといえよう。日本社会において隣国である朝鮮の歴史が再び意識されるようになったのは、ようやく 1960年代に入って、朴慶植などの在日朝鮮人の研究に呼応して、旗田巍や梶村秀樹のような日本人研究者の先覚者と評価できる人たちによって植民地史観の克服が提起されてからのことであった。

* 立命館大學コリア研究センター

日本社会においては長きに亘って、韓国という隣国は、市民社会の次元においても、軍事独裁政権の否定的イメージが強かったが、1970年代になると韓国中央情報部による金大中拉致事件、金芝河筆禍事件などを契機として、独裁政権に対して「闘う民衆」の姿が日本人の視野に入ってきたし、日本の市民社会において日韓連帯の課題が意識され、行動する知識人·宗教者·市民が現れるようになった。

そして、1980年代以降には、韓国の経済成長と民主化の進展、冷戦の崩壊により、韓国そして朝鮮半島問題が、大衆的な次元においてまで日本社会の視野に入るようになった。またグローバリズムの進展の中、大規模かつ飛躍的な人的移動の増加により、東アジアの文化的交流·融合が進んだ。まとめると、韓国は解放後、長期にわたり権威主義的政権の下にあったが、80年代後半から 90年代にわたって、民主化を成しとげ、政治·経済·社会·文化の各方面で跳躍を重ねてゆき世界の注目を浴びるに至った。その間、日本との関係はますます強まり、最近では「韓流」といわれる文化的流行も出現するに至っていると整理できよう。

1-2. 近代日本における東洋研究の位置

近代日本の大学制度における地域研究·歴史研究は、あえて単純に整理するならば、①自らの国家の歴史と文化を学術的に正統化·権威付けしようとする日本研究、②日本社会の近代化·文明化に資するために理解し、輸入し、日本社会への導入·定着を図るための西洋研究、③日本社会自身が東洋に位置していながらも、近代化·西洋化を進めるために日本以外の東洋(最も強く意識されたのは中国)と日本との違いを探り出そうとする東洋研究の「三分法」の発想が強かったと言える[1]。それゆえに、日本の大学

1) 齊藤孝,『昭和史學史ノート：歴史學の發想』, 小學館, 1984.

制度において「中国研究を中心とする東洋研究」には関心が向けられたが、朝鮮という国家・社会を主な研究対象に据えて、研究課題とする専門的研究所を設置するという発想は近年まできわめて弱かったと言える。例えば、東京帝国大学が1941年に東洋文化研究所を設置し、学習院大学が1952年に東洋文化研究所を設置しており、そこにおいて朝鮮研究の成果も積み重ねられてきたし、現在も水準の高い個別研究が進められている。しかし、あくまでも東洋文化研究の一領域として朝鮮半島を対象とする研究が行われているのであって、「独立した学」としての韓国学あるいはコリア学を樹立しようとする発想は、そこにはなかった。また、東洋文化研究としての朝鮮半島研究という枠組みにおいては、近代日本の伝統的な「三分法」的世界認識から自由になることは難しく、東洋の後進性を意識した研究、そして、植民学として展開された朝鮮研究の縛りを振り解くことは容易なことではない。

1-3. 日本における韓国学研究センターの設立

上記のような日本の知的環境の下で、「独立した学」としての韓国学・コリア学の研究センターとして最初に設立されたのは九州大学韓国研究センター(1999年12月17日発足)であった。公式ホームページによれば、1998年11月に当時大韓民国の国務総理を務めていた金鍾泌が「九州大学で講演され、九州大学から名誉博士号を授与されたことを契機として、韓国政府から5年間にわたる多額の研究費支援を受けることになり…これに応える形で…日本の国公立大学としては初となる「韓国研究」に取り組む研究施設として…本センターが開設され」た[2]。石川捷治によれば設立から5年間の資金は主に韓国国際交流財団と福岡韓国商工会議所などからの支援金でまか

2) 九州大學韓國研究センター公式ホームページ(http://rcks.kyushu-u.ac.jp/).

なわれており、①韓国研究の世界的ネットワーク構築、②植民地期朝鮮の民衆生活の調査研究、③日韓の「共同生活圏」に向けた研究の３つを重点分野としていた[3)]。

その後日本においては、九州大学に続いて、2003年に静岡県立大学現代韓国朝鮮研究センター、2005年に立命館大学コリア研究センター、2009年に慶応義塾大学現代韓国研究センター、2010年に東京大学現代韓国研究センター、2011年に同志社コリア研究センター、2011年朝鮮大学校朝鮮問題研究センター、2013年に早稲田大学韓国学研究所、2017年に東京大学韓国学研究センターが設立された(表1)。

(表１)日本における主な韓国学研究所·研究センターの概況

研究機関名	設立年月	設置形態	発行学術誌
九州大学韓国研究センター	1999年12月		韓国研究センター年報
静岡県立大学現代韓国朝鮮研究センター	2003年	大学院国際関係研究科	
立命館大学コリア研究センター	2005年6月	衣笠総合研究機構	コリア研究
慶応義塾大学現代韓国研究センター	2009年2月	東アジア研究所	
東京大学現代韓国学研究センター(本郷)	2010年	大学院情報学環	
同志社大学コリア研究センター	2011年1月	研究開発推進機構	
朝鮮大学校朝鮮問題研究センター	2011年11月		
早稲田大学韓国学研究所	2013年10月	総合研究機構	韓国学のフロンティア
一橋大学韓国学研究センター	2016年12月	大学院言語社会研究科	
東京大学韓国学研究センター(駒場)	2017年 (改称)	グローバル地域研究機構	

3) 石川捷治「刊行によせて」,『韓國硏究センター年報』3·4, 2004. 3, i.

大学ごとに、研究所・センターの設立形態や設立時に獲得した資金は異なるが、このように短期間に続々と韓国学の研究機関が設立された背景には、韓国の政府系機関・財団による支援金が果たした役割が大きい。九州大学が韓国国際交流財団から5年間の財政支援を受けたことは上述したが、立命館大学の場合も2006年から3年間同財団からの支援を受けた(詳細は後述)。2009年に開設された慶応義塾大学東アジア研究所現代韓国研究センターは同財団からの支援を受けたことを公式ホームページに明記している[4]。東京大学現代韓国学研究センターは2010年の設立にあたって同財団の支援を受けている[5]。東京大学韓国学研究センター(2017年に改称)は、2015年に大学院総合文化研究科韓国学研究部門として発足したさいに韓国学中央研究院の支援を受けている[6]。一橋大学韓国学研究センターは2016年に同じく韓国学中央研究院の研究助成を受けている[7]。

2. 立命館大学コリア研究センターの設立経緯

2-1. 学内における韓国研究の始まり

1990年代後半の金大中政権の登場以降、韓国政府は大胆な経済改革措置によって韓国経済の立て直しをはかるとともに、朝鮮民主主義人民共和国(北朝鮮)に対する協力・和解政策を推進し、東アジアにおける存在感を一段と高めた。また、日本に対しては大衆文化開放政策をとり、国民的レベルの歴史的和解や交流を推進してきた。これに続く盧武鉉政権の登場は韓

4) 「現代韓國研究センター紹介」(http://korea.kieas.keio.ac.jp/about/5.html).
5) 木宮正史, 「韓國學研究部門の開所にあたって」(http://www.cks.c.u-tokyo.ac.jp/about.html).
6) 同上.
7) 一橋大學韓國學研究センター(http://kanken.gensha.hit-u.ac.jp/introduction.html).

国民主化の成熟を象徴し、国内における参加民主主義の前進のみならず、平和と繁栄の「東北アジア時代」の構想を打ち出し、朝鮮半島における平和定着と、21世紀前半の基本課題である東北アジア共同体に向けた構想を積極的に提示するに至った。こうして、日本にとって日韓関係が東アジアの将来を見通す時に基軸的な位置を占めることが日本社会で認識されるようになった。

立命館大学においては、1990年代から立命館大学国際地域研究所の周辺で、学内教員グループによる自主的な韓国研究が始まった。法学部の徐勝教授を代表とする「現代韓国研究会」(1997~2000年)、「21世紀東アジアの安全保障と人権」研究チーム(1998~2000年)が立ち上がり、後者では計19回の研究会が開催され、韓国を主題とする論文が21本発表された。続いて「東アジアの和　解と平和」研究プロジェクト(2001~2003年)では計16回開催された研究会において17本の論文発表があった。振り返ってみれば、この研究会が立命館大学コリア研究センターの設立につながる動きの始まりであった。

2-2. 現代韓国研究の本格的展開

立命館大学において日韓の研究ネットワークの形成に大きな役割を果たしたのは、法学部の大久保史郎教授の発案と尽力によって獲得した文部科学省科学研究費基盤研究(B)『現代韓国の法・政治構造の転換』(1999~2001年)と、同じく基盤研究(A)『現代韓国の安全保障と治安法制の実証的研究』(2002~2004年)であった。前者は、法学分野で「民主主義法学研究会」、「法と社会研究会」などに集う韓国側の研究者が大規模に参加した初めての研究プロジェクトであり、そこに多数の法学部所属教員が参加し、80年代後半以降の韓国民主化の過程を憲法・刑事法・労働法等の諸領域において分析した。この研究プロジェクトの成功には、韓国側の研究組織を企画し取りまとめた韓寅燮教授(ソウル大学校法学研究大学院)と金昌禄教授(慶北大学校法学専門大学院)の献身的な貢献に負うところが大きかった。この日韓共同研究プロジェクトにおいては、15回の研究会において28本の論文報告がなされ、その成果は大久保史郎・徐勝編『現代韓国の民主化と法・政治構造の転換』(日本評論社・2003年)に結実した。これを継承した後者の基盤研究(A)では、研究領域を安全保障や南北関係へと拡張し、日韓両国で5回にわたる共同研究会を行い、36本の論文が発表された。そのうちの16本が徐勝編『現代韓国の安全保障・治安法制の実証的研究』(法律文化社、2005年)として公刊された。

上記の研究プロジェクトと関連して、経済学分野では松野周治経済学部教授を中心とする基盤研究(B)「北東アジア地域経済協力の進展と前提条件に関する研究」(2003~2005)があり、その成果は『東北アジア共同体への道―現状と課題』(松野周治・夏剛、文真堂、2006 年)として刊行された。

2-3. 北東アジア専門家会議

2000年6月15日の歴史的な南北首脳共同宣言を契機に、立命館大学国際地域研究所は、その後の東アジア国際関係の急速な発展を見通して「北東アジア専門家会議」を立ち上げ、外交官や経済人、ジャーナリストなど、アカデミズムの枠を超えた多様な人士を招き、多角的な論議を行った。これによって、立命館大学は韓国学研究に関連する広範な人的ネットワークを形成することができた。この専門家会議は50回以上の研究会を積み重ね、2回の国際シンポジウム(ソウル・京都)を開催した。その中で、韓国関係としては、シンポジウム「韓国・朝鮮首脳会談と北東アジア新展開の可能性」において、豊下楢彦「地殻変動の構図」、李鍾奭「金大中の太陽政策と第二次南北首脳会談」、徐東満「南北関係の現況と課題―米朝関係をどのように克服するのか」、小此木政夫「日朝首脳会談、その成果と展望」など18本の研究報告がなされた。また、高野幸二郎日朝交渉特命大使を招聘した研究会も開催した。これらの「北東アジア専門家会議」の成果は『東北アジア時代への提言－戦争の危機を平和構築へ』(徐勝、松野周二、夏剛編、平凡社、2003年)として刊行された。

2-4. 立命館大学コリア研究センターの設立

上記のような経過を踏まえ、徐勝教授をはじめとする学内の教員グループは、2005年2月に「立命館大学研究所･センター設置規定」を根拠に国際地域研究所の附置研究センター(B)として、研究センターの設立申請書を提出し、2005年6月1日に立命館大学コリア研究センター(初代センター長･徐勝教授)が設立された(研究期間：2010年3月31日までの4年10ケ月)。名称をコリア研究センターとしたのは、朝鮮半島が南北分断の下にあるとき、大韓民国の側のみを研究対象とするのではなく、南北朝鮮、そして在日朝鮮人社会、ひいてはコリアを焦点とする東アジア地域について、日本との関係で研究を推進していこうという意気込みをこめたネーミングであった。

このとき、立命館大学としてはコリア研究センター設立の背景として、①本学が「平和と民主主義」を教学理念とする日本で最も進歩的な大学の一であり、多くの研究者、学生を有する日本を代表する有数の私学であること、②本学が韓国、中国等、東アジアを中心とした国際理解･交流に積極的に取り組んでおり、アジア研究に重点を置いていること、③本学が、在日韓国･朝鮮人が最も多く居住する関西に位置し、在日韓国･朝鮮人学生を最も多く受け入れてきた伝統をもち、韓国人留学生たちを広範に受け入れ、積極的な支援を行ってきたことを挙げた。加えて、④立命館大学は1995年の戦後50年を期して、学徒兵として動員された朝鮮人学生、動員を拒否して退学させられた朝鮮人学生･台湾学生たちに対して、日本で最初に謝罪の意を表明し特別卒業証明書を授与した大学であり、朝鮮·韓国をはじめとするアジア諸国·民族との心からの和解と共感を広める努力をしてきたことも特記した。こうして、上述した韓国および東アジア研究を基盤に2005年6月、日本の私立大学として初めて(九州大学韓国研究センターに続き)現代韓国の研究·教育·文化交流を専門的に行う立命館大学コリア研究センター(RiCKS: Ritsumeikan Center for Korean Studies)を発足させたのである。

発足とともに、第1回 RiCKS国際シンポジウムとして「創立記念シンポジウム　東北アジア時代と現代韓国·日本」(6月24·25日)を、張永達氏(当時、韓国国会国防委員長)を基調講演者として、日本、韓国、在日朝鮮人の安全保障分野での専門家を招いて行った。第1回RiCKS国際シンポジウムの成果は、第3回RiCKS　国際シンポジウム「朝鮮半島の平和と東北アジアの安全保障ー多元的構想」(2006年12月8日~10日)の成果と共に、徐勝監修『北朝鮮が核を放棄する日ー朝鮮半島の平和と東北アジアの安全保障に向けて』(晃洋書房、2008年3月)として刊行された。

2-5. 韓国国際交流財団の支援、そして、その取り消し

コリア研究センターの設立と運営にあたっては、学内外からの多様な助成·寄付を受けたが、センター発足当時は当面、上述の基盤研究(A)『現代韓国の安全保障と治安法制の実証的研究』の資金で運用された。それに続き、2006年度~2010年度(5年間)は韓国国際交流財団(KF : Korea Foundation)の財政支援を受けることになり、センターの本格的活動が始まった。

2008年には、KFに韓国学教授職設置を申請し、文学部に韓国学の講座を開設し、当時コリア研究センターの専任研究員であった庵逧由香をそれに充てることにした。2008年12月24日には立命館大学の川口総長(当時)宛で韓国国際交流財団理事長から決定通知が届き、立命館大学とKFとの協

定書(MOU)が交換された。その協定の内容は、韓国学教授職の経費を5年間KFと立命館大学が50パーセントずつ負担することとし、初年度は67,000ドルの助成を行うというものであった。そこで本学では2009年4月の新学期に向けて開講準備を行っていたが、韓国の政権交代に伴い2009年初に韓国国際交流財団理事長の交代が行われ、新学期が始まった4月になって、決定の取り消しの通知が送られた。政権交代や財団理事長の交代があったとしても、すでに学生募集がなされ、新学期が始まった時点での国際協定の一方的破棄は国際的慣例にてらしても、常識上も、ありえないことであった。結局は、立命館大学が韓国国際交流財団の負担分までも引き受け、教授職を維持する事態となり、幸いにもその後の当該教授職の成功的な運営により文学部に定着して今日に至っているが、歴史的に記録に留めるべきことであると判断した。また、国際交流財団が同時に教授職助成のみならず、すでに決定していた2009·2010年度のすべての助成を取り消したことも付記しておく。

2-6.『月刊朝鮮』による誹謗中傷事件

一方、2009年11月18日発行の『月刊朝鮮』12月号に「立命館大学コリア研究センター“韓国政府支援金で連邦制統一擁護、総連系に奨学金与える”」という特集記事が10ページにわたって掲載され、コリア研究センターと徐勝センター長に対する中傷誹謗が行われたことも記憶されるべき事件であった。『月刊朝鮮』は韓国「朝鮮日報」の系列紙であるが、当該号は韓国の元大統領の金大中氏に対する誹謗特集が掲載されていた。立命館大学は、コリア研究センターの設立から1年余りの準備期間を経て2006年10月30日に、金大中氏を招き、名誉法学博士の授与式と講演会を開催した。その前日には、本センターの発展を祝って金大中氏が揮毫し、文斉蔡義鎮先生が彫った看板の除幕式を挙行した。金大中前大統領は困難な時代に韓国の民主化のために奮闘し、2000年南北首脳会談·南北共同宣言を実現させ、平和·和解·統一のメッセンジャーとしてノーベル平和賞を受賞した人物であり、本学において民主的な手続きを経て博士学位の授与を行ったものである。ところが、当該の『月刊朝鮮』の記事は、立命館大学による金大中氏への名誉博士学位授与を非難する一環として、コリア研究センターならびに徐勝個人を誹謗する構成となっていた。なによりも、『月刊朝鮮』の記事には48カ所にもわたる事実誤認があり、本学ならびに本センターに対して確認·裏付けの取材も全くせず、一方的に情報部員と推察される匿名人士の証言に依拠している点において致命的な欠陥を持っており、法的に著しく瑕疵のあるものであった。

本件記事は、全10ページにわたり掲載され、表紙でも大きな扱いをされたうえに、同誌の広告や同記事のインターネット転載によって広範に流布されたことによって、立命館大学とコリア研究センターおよびその関係者の名誉と尊厳を傷つけ、コリア研究センター事業に関する風評被害にまで及んだ。

そこで、徐勝教授は株式会社月刊朝鮮社および記事執筆者である金南成記者を相手取って、ソウル地方法院に記事の訂正·謝罪広告掲載および損害賠償請求訴訟を2010年1月11日に提起した。裁判は翌2011年に損害賠償 2000 万ウォンおよび訂正·謝罪広告掲載という強制仲裁で終結した。

本件に関して最も重要な点は、『月刊朝鮮』が外国である日本の大学の学術研究機関である立命館大学コリア研究センターの研究事業·文化事業に対して恣意的な判断により「反韓国である」と歪曲·中傷した政治的レッテルを貼り、研究活動の自由を損い、韓国人留学生の積極的受け入れや東アジア·韓国との交流に鋭意努めてきた立命館大学の名誉を著しく傷つけたことである。その結果、韓国の学術·文化の向上·普及に努めている研究機関を傷つけ、翻って韓国にも大きな損失をもたらした。

3. 立命館大学コリア研究センターの活動とその成果

ここでは、2005年の設立から現在に至るまでのコリア研究センターの研究活動について、事業別に整理しておくことにする。

3-1. RiCKS 国際シンポジウム

学術研究機関であるコリア研究センターの中心となる事業は、研究会と国際シンポジウムである。当センターが主催した国際シンポジウムは16回に及び、共催及び機関として参加した海外における国際シンポジウムは18回、その他のシンポジウムや講演会、研究集会などは56回にのぼる。また、現在進行中の日韓(中)共同研究は3件ある。

創立シンポジウム以外に、注目すべきものとしては、本センターと韓国の「創作と批評社」が共同で主催した第2 回RiCKS国際シンポジウム「東アジアに発信され拡散する韓国文化力の可能性」(2006年)がある。このシンポジウムでは、韓流現象を一方的なものとして捉えるのではなく、東アジア内部で縦横に往来・交流する文化伝播・文化融合としてとらえ、かつて西欧文化を一方的に受容してきた東アジアが発信する文化創造力に注目した。その成果は、徐勝・黄盛彬・庵逧由香編『「韓流」のうちと外：韓国文化力と東アジアの融合反応』(御茶の水書房、2007年)として社会的に発信した。

さらに2008年の第5回RiCKS国際シンポジウム「朝鮮半島の和解・協力 10年－評価と展望」は、金大中元大統領の本学への訪問・記念講演を受け、丁世炫(元統一院長官)、文正仁(延世大学校教授・東北アジア委員会委員長)、Evans Revere(Korea Society副会長、元米国務副次官補)、Leon Sigal(元ニューヨークタイムズ論説委員)、Gavan McCormack(オーストラリア国立大学教授)、岩国哲人(国会議員)、徐忠彦(在日朝鮮人総連合会国際局長)、岡本厚(岩波『世界』編集長)、朱建栄(東洋学園大学教授)など錚々たる報告者を集めて、金大中·盧武鉉政権における、朝鮮半島平和·統一政策ならびに北朝鮮に対する和解·協力政策の全面的検討を行った。その成果は、金大中元大統領の講演録と併せて、徐勝·中戸祐夫編『朝鮮半島の和解·協力10年－金大中、盧武鉉政権の対北朝鮮政策の評価』(御茶の水書房·2009年)として上梓した。

第6回RiCKS国際シンポジウム「浮遊する在日コリアン－同化と差別の中で」(2008年)では、在日朝鮮人問題を多様な角度から検討することができ、極めて興味深い内容であったが、書籍としてまとめられなかったことは残念である。第10回RiCKS国際シンポジウム「言葉のなかの日韓関係」(2010年)では、韓国語に関して、韓国語教育、在日朝鮮人にとっての朝鮮語、韓国語通訳、日韓翻訳などについて言語学や文化人類学などから検討がなされ、徐勝·小倉紀蔵編『言葉のなかの日韓関係―教育·翻訳通訳·生活』(明石書店·2013年)として、まとめられた。

3-2. 学術協定と共同研究

本センターが学術交流協定を結んでいるのは、東国大学校北韓学研究所、建国大学校統一人文学研究団、朝鮮大学校朝鮮問題研究センター、独立紀念館韓国独立運動史研究所など、21大学·研究機関がある。ここでは、現在活発に研究活動を続けている3つの共同研究についてまとめておく。1

①「東アジア地域の安全保障」国際学術会議

立命館大学コリア研究センターは、東国大学校北韓学研究所と2009年11月6日に学術交流協定を締結し国際シンポジウム「新国際協調時代における東北アジア」開催したのを皮切りに共同研究を続けてきたが、2014年度からは吉林大学東北アジア研究院(中国)も加わり、3大学で「東アジア地域の安全保障」をテーマとする国際学術会議を開催してきた。この学術会議では南北分断状況が朝鮮半島の南北のみならず、中国と日本の安全保障といかに緊密に関わっているかを具体的に分析してきた。この学術会議では、安全保障について、国際政治学、国際関係学、軍事研究などの専門家が集って議論する現実主義的なアプローチからでは平和実現への答えや出口が見いだしにくいというアポリア、危機意識が共有され、多面的なアプローチが試みられている。

② 統一人文学世界フォーラム

立命館大学コリア研究センターは、2014年度から建国大学校統一人文学研究団(韓国)、延辺大学民族学研究所(中国)、朝鮮大学校朝鮮問題研究センターと4大学で「統一人文学世界フォーラム」を開催してきた。このフォーラムは、朝鮮半島において南北に分断されるとともに世界に拡散している朝鮮民族の民族的一体性を人文学の研究によって確認していこうとする試みであり、朝鮮半島の「分断のトラウマ」をいかに克服するかを学術的課題としている。このフォーラムを通じて、拡散するコリアンマイノリティの視点から東アジア地域を見ることにより、各国民国家におけるマジョリティにはなかなか視界に入らない人権、国籍、差別·偏見の問題を明確に認識することができている。また、日韓中の共同研究にコリアンマイノリティが加わることにより、一国史的な発想を超えた有機的な国際研究ネットワーク形成への可能性が開けてきた。そこから、「分断のトラウマ」研究を東アジア地域における加害者側と被害者側の双方が抱える「歴史認識問題のトラウマ」に応用していくことが課題である。

③ 独立記念館韓国独立運動史研究所との国際学術会議

立命館大学コリア研究センターは、独立記念館韓国独立運動史研究所と2013年9月7日に学術交流協定を締結するとともに関東大震災90周年国際シンポジウム「関東大震災朝鮮人虐殺から 90年、国家暴力と植民地主義を超えて」(立命館大学)を開催し、翌2014年には「東学農民運動120年・日清戦争120年記念－1994・1995年の歴史像と東アジアの歴史教育」、2015年には「治安維持法制定から90年－植民地朝鮮・戦前日本から現代を問う」、2017年には「尹奉吉義挙と世界平和運動」とほぼ毎年国際学術会議を開催するとともに、同研究所の受託研究も推進している。同研究所との共同研究を通じて、日韓に横たわる歴史認識問題の広さと深さを再認識することができている。また、歴史認識問題を葛藤要因とだけみるのではなく、むしろ相互理解の要素にできるのではないかという視点が得られた。

3-3. 歴史連続講座

植民地時代の朝鮮に関心を持つ市民を対象に行われた歴史連続講座は、2007年11月から2008年12月にかけて、8回の講座が開かれた。中塚明(奈良女子大学名誉教授)、水野直樹(京都大学)、山田昭次(立教大学名誉教授)、許粋烈(忠南大学校)、松田利彦(国際日本文化研究センター)などの著名な教授の講演は市民の大きな関心を集めた。これと関連し、2010年立命館大学国際平和ミュージアム、韓国の民族問題研究所と共同で、立命館創始140年・学園創立110周年記念・「韓国併合」100年特別展示「巨大な監獄、植民地朝鮮に生きる」が開催され、その成果として、水野直樹・庵逧由香・酒井裕美・勝村誠共編『図録植民地朝鮮に生きる－韓国・民族問題研究所所蔵資料から』(岩波書店、2012年)が発行された。

3-4. 月例研究会と特別研究会

コリア研究センターは設立以来、基礎的な研究活動として月例研究会を毎月(冬季夏季の休暇期間を除く年8回)開催してきた。ポスドクを中心とする国内の新進気鋭の若手研究者による発表の場とするとともに、関西地域で研究活動を行っている韓国人研究者を積極的に招いて最先端の研究報告を受けるように努めてきた。近いところでは、10月26日に第99回研究会として新里喜宣(日本学術振興会・特別研究員(PD))「韓国巫俗言説の諸相：迷信、文化、宗教としての巫俗認識」、11月30日に記念すべき第100回研究会として李寅在(韓神大学校教授)「韓国の社会的経済とソーシャルベンチャー政策」が予定されている。

3-5. 次世代研究者フォーラム

次世代研究者フォーラムは、本センター発足から最重要行事として推進してきた若手研究者育成のためのプログラムである。2006年から2016年まで毎年、夏季に20名ほどの若手研究者を招き、10名前後の協力教授と3泊4日で研究報告と議論を行う濃密な研究プロジェクトであった(2017年度からは休止中)。若手研究者にとっては切磋琢磨の機会となり、若手研究者のネットワークを作りとキャリアパス形成にも貢献してきた。フォーラムの初日には著名研究者による基調講演を行う形式も第 1回から継続してきた。このフォーラムについては、藤永壯教授(大阪産業大学)をはじめ、京都コリア学コンソーシアム(後述)に関係する大学教員のみなさんの懇切な指導による貢献が大であった。

3-6. 映画フェスティバルと上映会

RiCKS　映画フェスティバルは、2006年から2010年まで、毎年秋に、ムン・ソリ、チェ・ミンシク、アン・ソンギ、キム・ヘス、ソル・ギョングという韓国映画界の第一線で活躍する俳優を招き、3日にわたって主要出演作を上映し、シンポジウム+トークを行うプログラムである。このような企画は韓国にもなく、内外の注目を浴びるとともに、国内の韓流ファンから大いに歓迎された。この企画によって、本センターに対する知名度と認識が格段に高まっただけでなく、韓国映画の名作を通じて、現代韓国社会を理解する上で極めて有用であった。また、映画関連では、『女優ムン・ソリが語る韓国映画の魅力』(2007年、かもがわ出版)、『チェ・ミンシクー　行動する役者』(2008年、かもがわ出版)、『アン・ソンギー韓国映画とその時代』(2009年、かもがわ出版)を出版している。

2010年からは、韓国ドキュメンタリー映画の上映会(+監督トーク)を始め、10回にわたって開催してきた。韓国の現実を告発した「二つの扉」、「天安艦プロジェクト」など、最も尖鋭なドキュメンタリー映画の上映は、「開かれたセンター」としての市民に対する貢献であるとともに、市民の韓国理解や韓国へのアプローチに取って有益であると評価される。そのほか、舞踊、歌、美術などの文化行事も行われ、他研究所や学部、学会などの韓国関連行事には様々な形での協力を行ってきた。

3-7. 研究成果の社会的発信

コリア研究センターの出版活動としては、研究成果を編んだ「コリア研究センター研究叢書」7冊と韓国映画フェスティバルのブックレット3冊の単行本を刊行したほか、「次世代フォーラム報告集」4冊、シンポジウムなどの資料集、図録など出版物は多岐にわたる。しかし、最重要のものは、

2010 年度来、8号にわたり出版されてきた、本センターの学術誌『コリア研究』の発行である。同誌は、該年度の重要な学術活動をもって毎号特集を組むばかりでなく、論文発表の場として応募論文を掲載し、韓国の人文社会科学分野の注目すべき新刊書の紹介、本センターの活動日誌も掲載している。本誌では、毎号3名ほどの朝鮮社会科学院研究者からの寄稿を受け、紹介欄を作っている。北朝鮮の学術界までも封鎖されている現状の中で、日本のみならず、韓国や欧米においてもない試みであり、本センターの開放性を示すものである。

3-8. ヘイト・スピーチへの取り組み

近年、日本政治の右傾化に伴い、ヘイトスピーチが猛威をふるってきた。立命館大学においても2014年1月10日に本学の在日朝鮮人女性教員に対するヘイトスピーチ事件があり「立命館大学ヘイトスピーチ事件の解決を求める有志」の会が作られ、積極的な活動を行ってきた。本センターでは、同年10月9日「ヘイトスピーチとレイシズムを問う－日本の社会と教育現場の有り方から」としてRiCKS特別研究会を開催し、10月25日には立命館土曜講座で木戸衛一(大阪大学大学院国際公共政策研究科)「ヘイトスピーチとレイシズムを考える－マルク・ブロック「歴史のための弁明」を手がかりに」の講演を共催した。続いて11月8日、広島大学で『終わらない戦争』をみるというヘイトスピーチ研究会VIが開催された。2018年1月17日には、本学においてソウル大学アジア研究所とフランスのパリ・ディドロ大学の3大学共催で「憎悪と恐怖を超えて－アジアとヨーロッパはヘイトスピーチにいかに立ち向かうか」と題する国際学術会議を開催した。ヘイトスピーチは目下、在日朝鮮人、そして世界中のマイノリティが最も憂慮する問題の一つであり、本センターはこの問題に全力を以て取り組む覚悟である。

4. 研究資金の確保と学内外の評価

2009年の韓国国際交流財団の助成打ち切りにより、本センターは財政問題で困難に陥ったが、本学の研究機構改編にともない、R-GIRO(立命館グローバル・イノベーション研究機構)プログラム(2009～2013年度特定領域型研究プログラム)が展開されることになった。これに対して本センターは特定領域型R-GIRO研究プログラム(人文社会科学系研究領域)」に応募し、研究主題「東北アジア・朝鮮半島と日本の疎通と協働－平和構築の視点から」で採用された。続いて、第 2 ステージとして始まった「拠点形成型R-GIRO研究プログラム」では、国際関係学部と提携して「オール立命館による学際統合型平和研究拠点」(2013年10月~2016年3月)で採用された。上記の諸研究活動はこの資金を活用して展開したものである。これにより、本センターは立命館大学の学内において名実備えた研究センターとして高い評価を受けることができた。さらに、2014年度には日本政府文部科学省の「私立大学戦略的研究基盤形成支援事業(私大戦略)」(2014~2016年度)に採用されて外部資金を獲得したことにより、本学の研究部門の諸活動にも貢献することができた。その甲斐もあって、設立時には2010年3月31日までであったコリア研究センターの設置期間は、まず5年間の延長が承認されて2015年3月31日までとなり、その後、R-GIROと私大戦略の研究プロジェクトが進行したために2017年3月31日までの延長が認められ、続いて、センターの新展開のために資金計画と事業計画を見直す期間として2018年3月31日までの延長が認められた。その結果、2018年1月の常任理事会において、コリア研究センターを(同一名称で)新設することが承認され、2028年3月31日までの存続が決定した。

5. 今後の活動計画

5-1. 研究組織

2018年4月に新たなスタートを切った立命館コリア研究センター(2018年度のセンター長：勝村誠)は、17人の運営委員によって、①安全保障(代表：中戸祐夫)、②歴史理解(代表：庵逧由香)、③社会成熟(代表：文京洙)、④コリアンマイノリティ(代表：鄭雅英)、⑤東アジア経済(代表：金丸裕一)の5つの研究ユニットを組織して、これらを有機的に関連付けた総合的な研究に着手した。

①安全保障ユニットにおいては、主に国際政治学の立場から東アジア安保危機の様相を動態的に捉えて平和への道を探る。②歴史理解ユニットにおいては、歴史学と政治学の立場から歴史認識問題が政治外交問題として浮上するメカニズムを把握しそれを沈静化する方策を探る。③社会成熟ユニットは、政治学と社会学の立場から東アジアにおける国内政治を観察し市民社会の成熟に向けた方向性を模索する。東アジア地域の平和実現のためには、域内の多様なマイノリティとの共生が不可欠である。④コリアンマイノリティユニットでは、主に社会学、人類学、経済学の立場から、東アジアに拡散するコリアンマイノリティの動向を捉え、マイノリティの視点からマジョリティの視界に入りにくい諸問題を確認し、それを克服する道を探る。⑤東アジア経済ユニットでは、政治経済学と経済史の立場から、中朝経済交流と中台両岸関係に焦点を当てて、安全保障や歴史理解の基盤をなす東アジア経済の最新の動きを把握する。

5-2 研究の目的

コリア研究センターは、各ユニットの研究成果を統合しつつ、東アジアの研究ネットワークを基盤とする「歴史和解専門家会議」における対話を重ね、葛藤や対立を極小化しながら「相互理解＝公共の記憶」の形成を通じて東アジアの平和構築を目指す。まさに、東アジアの「負の遺産」の解消に向けた試みであり、その意味で新センターの研究プロジェクトは、東アジアにおいて喫緊の社会的要請に応えるものである。例えば、日本軍「慰安婦」問題に端的に示されるように、歴史における被害者側の「痛みの記憶」に対して加害者側が無理解であるならば、トラウマを抱える被害者側をさらに苦しめる結果になる。他方、加害者の側にも加害者としての「痛みの記憶」がつきまとう。東アジア地域における歴史認識の相互理解を深めるためには加害側と被害側が「痛みの記憶」をいかに可視化してそれを共有するか、すなわち、いかなる「公共の記憶」を再生産するかが問われるのである。そのうえで、「公共の記憶」により「痛みの記憶」の解消や和解に向かう共同の取り組みを進めるために、政策志向の研究を進める点が本センターの学術的特色である。

5-3. 研究体制

2018年度は立命館大学コリア研究センターを主な研究拠点とする研究プロジェクト「北朝鮮問題についての総合的研究―北朝鮮問題の長期化と国際化の観点からの再構築」(2018~2020年度)が学内研究支援プログラムである立命館アジア・日本研究機構アジア・日本研究推進プログラムに採択され、若手ポスドクの専任研究員を雇用することができた(2017年度は専任研究員が不在であった)。本研究プログラムは、既存の北朝鮮研究が北朝鮮の体制の「強靭性」と「自律性」を過小評価した一面的な理解にあるとの前提に立脚して、国際的かつ総合的な視野に立つ北朝鮮研究を確立しようとするものであり、上記のコリア研究センターの各ユニットと有機的に連携して、研究をいっそう高度化できるものと期待できる。

6. むすびにかえて

本センターは、①高い研究力量、②多岐にわたる深度ある学術･文化活動、③広範な研究ネットワーク、④市民社会との密接な連携、⑤日本と朝鮮半島･南北朝鮮･在日朝鮮人との間における客観的で公正な立場、⑥東アジアの中に朝鮮半島を位置付ける視野など、いずれの角度から見ても、世界でも最も活力のあるコリア研究センターであると自負するものである。今日のコリア研究センターのこのような立ち位置と社会的評価は、13年以上にわたる日本･韓国･在日朝鮮人社会の研究者や市民のみなさんから献身的なご参加、ご協力、ご支援をいただいた、その熱意の賜であると言えよう。そのことに対する謝辞をこの場を借りて記して、拙い本報告文の結びとさせていただくことにする。

현대 러시아의 한국학 : 대학들과 학술연구소들

톨스토쿨라코프 I.A.*

1. 머리말

러시아에서 한국학은 19세기 후반기에 등장했다. 이때부터 러시아 한국학의 특징은 종합적이고 기본적인 성격을 지녔다. 러시아에서 한국학은 다양한 전문 분야들, 즉 지리학, 민속학, 역사, 어문학(언어학과 문학연구), 경제, 정치, 그리고 한국 지역연구의 여러 문제들과 연관된 여타 지식 영역들을 모두 포괄하는 동양학의 한 분야로 형성되었다.

러시아 한국학의 원로인 레프 콘체비치에 의하면, 러시아에서 한국 연구와 교육의 발전을 위한 객관적인 전제 조건들은 다음과 같다.

① 대륙문화와 반도문화, 유럽과 아시아의 교차점에 위치한 태평양 연안 러시아 지역과 한반도의 지리학적, 지정학적 그리고 민족문화적인 인접성
② 예로부터 두 이웃 국가 간에 있었던 교류와 관계
③ 러시아 태평양정책에서 한반도가 갖는 중요한 역할
④ 다민족국가인 러시아에 존재하는 한인 디아스포라

* И.А. Толстокулаков, 러시아 극동연방대학 한국학과

⑤ 한국이 중요한 자리를 매김하고 있는 동아시아 문명에 대한 러시아의 학문적, 실제적 흥미[1)]

러시아 한국학이 가장 강한 분야는 한국어 문학 교육, 문화, 민속, 역사, 지리와 관련된 인문학이다. 이 학문들은 전반적으로 러시아의 고전 동양학에서 전통적인 분야이다. 다양한 측면의 지역연구 과제를 수행하기 위해서는 무엇보다 한국어와 지역학 지식에 전반적으로 능통한 전문가들이 요구된다. 그래서 학문분야로서의 한국학은 한국학 교육을 기반으로 발전했다.

이와 같은 한국학과 한국학 교육의 불가분의 관계는 19세기 말에 형성되었고, 지금까지 지속되고 있다. 1990년대 말부터 일군의 러시아인 한국 연구자들이 연구자 층에 많이 충원되었다. 그런데 이들은 한국어 구사 능력이 없고, 한국을 영어자료로 연구하여 많은 문제점을 드러내고 있다. 어쨌든 이러한 학자들의 등장으로 러시아 한국학이 새로운 분야를 개척했는데, 정치학과 경제학이 그것이다. 그리하여 아카데미적 학술연구와 대학에서 교육의 연계에 기반을 두었던 전통적인 러시아 한국학은 인문학의 틀을 벗어나 실무적인 의미를 갖게 되었다.

러시아 한국학은 러시아 사회에 한국과 한국인들을 알리는 인문주의적인 과제를 수행하면서 애초부터 두 나라, 즉 러시아와 한국 국민들을 가깝게 하고 서로 풍부하게 해주었다. 이러한 역할을 하는 러시아 한국학은 러시아 학문과 문화에서 분리될 수 없는 부분이며, 러시아 동양학에서 상당한 성취와 국제적 인정을 받는 독자적이고 강력한 학문 분야가 되었다.

러시아 한국학의 역사적 기원은 19세기 중반에서 찾을 수 있는데,

---

1) 콘체비치 L.R, 「제정 러시아시기 전통적 한국학의 발전에 대하여」, 『러시아 한국인 백과사전. 러시아에서의 140년』, 모스크바: RAEN, 2003, pp. 77~78.

길고도 때로는 드라마틱한 역사를 갖는다. 대략 19세기 중반부터 시작된 러시아 한국학의 성립은 다음과 같은 단계를 거쳤다.

1단계 : 제정 러시아시기 한국에 대한 체계적인 연구의 시작과 한국에 대한 지역 연구 조건의 형성(19세기 중순~1917년)
2단계 : 소비에트시기 한국 인문학의 정립(1917~1945년)
3단계 : 고전적 소련 동양학에서 독자적이고 주요한 분야로 한국학의 형성(1945~1990년)
4단계 : 종합적이고 실제적 방향의 동양학으로 러시아 한국학의 발전(1990년 초부터)[2)]

이 글은 러시아연방의 한국학과 한국학 교육의 현재 상황에 대한 분석이다. 이 연구를 위해 사용된 기초 자료들은 다음과 같다.

① 2004년에서 2011년까지 러시아에서 『러시아 한국학의 과거와 현재』라는 총서 시리즈가 발간되었다. 이는 총 9권으로 구성되었는데, 19세기에서 20세기에 발전한 러시아 한국학의 총 결산물이다. 이 연구들은 21세기 초에 형성된 러시아 한국학의 학문적 능력에 대한 분석이라고 평가할 수 있다. 이 글과 관련해서는 제3권 『현대 러시아의 한국학』이 많은 흥미를 끈다. 이 책에는 러시아의 한국학 연구센터들(학술연구소, 센터, 고등교육기관, 문서보관소, 도서관, 박물관)과 한국학 전문가들이 기술되어 있다.[3)]

2) 필자의 이러한 시기 구분은 콘체비치의 견해를 고려했다(참조: 콘체비치 L.R, 앞의 책, pp. 77~102).
3) 콘체비치 L.R., 심비르체바 T.M. 엮음, 『현대 러시아의 한국학』(러시아 한국학의 과거와 현재 시리즈. T.3), 모스크바: 3월 1일, 2006, p. 624.

② 러시아대학 한국학연합회RAUK와 러시아대학 한국어교사연합회OPKYaRU의 자료들(인쇄물이나 전자 출판물들)이다.[4)]

③ 레프 콘체비치의 한국학 서지들과 리뷰 작업물들이다.[5)] 이 작업들은 러시아 한국학의 역사와 현대성에 대해 전반적인 평가를 하고 있다.

위에서 언급한 자료들을 분석하면, 학술연구소들과 학술센터들, 그리고 대학들과 다른 고등교육기관들을 포함해 현재 러시아의 한국학 상황에 대한 객관적이고 종합적인 평가를 내릴 수 있다.

먼저 러시아 한국학을 두 방향, 즉 학술연구로서의 한국학과 대학에서의 한국학으로 대별해 보고, 이어서 약간의 통계를 활용해 고찰할 것이다.[6)]

2. 학술연구로서의 한국학

이 분야의 한국학은 러시아과학아카데미RAN 산하 10개 학술 연구소들에서 수행하고 있다.

---

4) 예를 들면 *The Ceremonial Session in Commemoration of the 10th Anniversary of Russian Association of University Korean Studies,* September 21-22, 2015. (Moscow: Moscow State Univ. Press, 2015), p. 61. 또는 러시아 대학 한국학 연합회의 사이트 URL: http://www.rauk.ru/.

5) 콘체비치 L.R, 『러시아어와 서구어로 작성된 한국 관련 서지목록(19세기부터 2007년까지)』(러시아 한국학의 과거와 현재 시리즈. T.6), 모스크바: 3월 1일, 2008, p. 592.

6) 콘체비치 L.R., 심비르체바 T.M. 엮음, 『현대 러시아의 한국학』, 모스크바: 3월 1일, 2006, p. 624.

① 러시아과학아카데미 동양학연구소(모스크바) > 한국 몽골과

② 러시아과학아카데미 동양학연구소 상트페테르부르크 지부(상트페테르부르크)

③ 러시아과학아카데미 극동연구소(모스크바) > 한국연구센터

④ 러시아과학아카데미 세계경제와 국제관계연구소(모스크바) > 현대한국연구센터

⑤ 러시아과학아카데미 경제연구소(모스크바) > 아시아연구센터

⑥ 러시아과학아카데미 민족학과 인류학연구소(모스크바)

⑦ 러시아과학아카데미 세계문학연구소(모스크바)

⑧ 러시아과학아카데미 언어연구소(상트페테르부르크) > 알타이어과

⑨ 러시아과학아카데미 시베리아지부 고고학과 민속학연구소(노보시비르스크)

⑩ 러시아과학아카데미 극동지부 극동민족 역사, 고고학, 민속학연구소(블라디보스토크) > 일본과 한국연구과(2018년 9월까지)

이들 연구소들 가운데 2개의 연구소(동양학연구소, 극동연구소)에는 독자적인 연구센터가 있는데, 주로 한국과 관련된 지역 문제를 연구한다. 얼마 전까지만 해도 극동민족 역사, 고고학, 민속학 연구소에도 유사 과가 있었으나, 2018년 구조 조정으로 폐지되었다. 다른 연구소들에서는 한국 학자들 개개인이 한국학 연구를 진행하고 있다.

다음의 2개 학술센터도 학술연구소에 속한다.

① 러시아연방 외교부 외교아카데미 아시아태평양연구센터

② 러시아자연과학아카데미 유라시아연구학술센터

그리고 4개의 한국학과 관련된 박물관이 있다.

① 국립동양박물관(모스크바)
② 러시아과학아카데미 인류학과 민속학박물관
(쿤스트카메라Kunstkamera) (상트페테르부르크)
③ 러시아과학아카데미 극동지부 극동민족 역사, 고고학, 민속학 연구소 내 고고학과 민속학박물관
④ 시베리아와 극동 민족 역사와 문화박물관(노보시비르스크)

한국 관련 자료는 러시아 20여 개 이상의 국립 및 지역 문서보관소에 소장되어있다(모스크바, 상트페테르부르크, 블라디보스토크, 이르쿠츠크, 노보시비르스크, 하바롭스크, 울란 우데, 옴스크). 15개의 러시아 도서관에는 독립된 한국 관련 서적 섹션이 있다(모스크바, 상트페테르부르크, 블라디보스토크).

위에 언급한 학술 기관들 대다수는 사실 소수 몇 명의 한국학자가 근무하고 있을 뿐이다. 이들 대부분은 세 곳의 주요 센터, 즉 모스크바, 상트-페테르부르크, 블라디보스토크에 집중되어 있다. 이렇게 된 역사적 연원은 다음과 같다. 상트페테르부르크와 블라디보스토크에서 시작된 러시아 한국학은 이후 수도인 모스크바에 '정착'했다. 그리하여 오늘날 모스크바에 한국학 연구기관들이 가장 많이 집중되어 있다.

학술기관들 가운데 러시아과학아카데미 산하 연구소들에는 한국 전문가가 없는 경우도 있다. 그럼에도 불구하고 한국 관련 테마 연구가 이루어지고 있는데, 연구자들을 초청하거나 공동 연구를 통해 이 문제를 해결하고 있다. 이런 식의 연구는 지속적이지 않고 산발적 연구가 될 수밖에 없으나, 러시아 한국학 발전에 일정하게 기여하고 있

는 것이 사실이다. 이러한 맥락에서 러시아전략연구소(모스크바)를 살펴볼 필요가 있다. 그곳에서는 수차례에 걸쳐 블라디보스토크의 한국 전문가들과 함께 한국 연구 프로그램을 '가동'했다.

러시아에서는 1990년 말부터 한국학 서적을 발간하는 데 많은 노력을 기울이는 출판사들이 등장했다. 이들 출판사는 다음과 같다.

- 한국문화센터 '삼일문화원'의 출판사 '3월 1일'(모스크바)
- 출판사 '동-서'(2004년까지는 출판사명이 '개미')(모스크바)
- 러시아과학아카데미 산하 출판사 '동양문학'(모스크바)
- 러시아과학아카데미 산하 동양학연구소 출판사(모스크바)
- 출판사 '페테르부르크 동양학'(상트페테르부르크)

한국 관련 소논문들은 5개의 학술저널에 주로 수록된다. 그중 가장 권위 있는 저널은 러시아과학아카데미 극동연구소가 발간하는 『극동문제』이다. 그리고 러시아과학아카데미 극동연구소와 극동연방대학교에서는 매년 국제 한국학대회가 열리고 있다.

러시아에서 학술연구로서의 한국학은 몇몇 본질적인 문제점들을 노정하고 있다. 그 가운데 대부분은 사실 학계의 일반적인 상황과 관련이 있다. 가장 우려되는 점은 연구소와 센터들에 소속된 연구원들의 노령화이다. 임금수준은 아직 미흡한 점이 많고, 연구원에 대한 관료주의적 부하도 증가하고 있다. 이로 인해 젊은 층이 학계 진출을 기피하고 있으며, 한국학 학위과정을 마치고 더 나은 일자리를 찾아 떠나는 일이 흔하다. 따라서 매우 드문 경우를 제외하고는 학술 연구소들이 학문후속세대를 충원하지 못하고 있다. 기존 연구원들이 은퇴하면, 한국학 연구의 지속 가능성이 사라지는 경우가 드물지 않게 발생하고 있는 것이다. 고등학교에서의 사정이 훨씬 나아 보인다.

3. 대학에서의 한국학

한국어와 한국학 과목 교육은 러시아 연방의 30여 개 고등교육기관에서 이루어지고 있다. 그들 가운데 3개 대학(모스크바국립대학교, 상트페테르부르크국립대학교, 극동연방대학교)이 권위 있는 학문의 중심이다. 왜냐하면 이곳 세 대학에서는 한국학 교육만 하는 것이 아니라, 한국학 연구센터를 만들었기 때문이다.

학문적·교육적 한국학 프로그램들을 주도하는 러시아 대학들은 2004년 러시아대학 한국학연합회를 결성했는데, 그 회원 대학들은 다음과 같다.

- 모스크바국립대학교 > 아시아아프리카연구소, 국제한국학센터(모스크바)
- 상트페테르부르그국립대학교 > 한국학연구소(상트페테르부르그)
- 극동연방대학교 > 동양학연구소, 한국학연구소(블라디보스토크)
- 노보시비르스크국립대학교 > 한국연구센터(노보시비르스크)
- 이르쿠츠크국립대학교 > 한국센터(이르쿠츠크)
- 러시아국립인문대학교 > 동양문화와 고대그리스연구소(모스크바)
- 모스크바국립언어학대학교 > 한국어국(모스크바)

이 외에도 한국학 연구 중심지들은 다음과 같다.

- 고등경제학교, 한국어과(모스크바)
- 사할린국립대학교, 어문학과 동양학연구소(유즈노사할린스크)
- 러시아연방 외무부 모스크바국립국제관계연구소(대학교)(모스크바)
- 태평양국립대학교(하바롭스크)
- 게르첸 명칭 러시아국립사범대학교(모스크바)

- 카잔국립대학교(카잔)
- 이르쿠츠크국립언어학대학교(이르쿠츠크)
- 부랴트국립대학교(울란우데)
- 아무르국립대학교(블라고베센스키)

러시아대학들은 3종의 한국학과 관련된 대학 학술저널을 출간하고 있다. 『러시아한국학회보』(모스크바국립대학교, 모스크바), 『한국어와 문화센터 회보』(상트페테르부르그국립대학교, 상트페테르부르그), 『극동연방대학교 한국학연구센터 회보』(극동연방대학교, 블라디보스토크)가 그것이다. 학술연구소 연구원들의 노령화로 한국학 연구의 중심이 점차 대학으로 이전하고 있다. 전 러시아 한국학 학술대회가 러시아과학아카데미극동연구소뿐만 아니라, 극동연방대학교에서 매년 열리는 것은 우연이 아니다.

최근 10년에서 15년 사이에 한국학 교육부분의 또 다른 경향은 전통적인 학문의 중심지들(모스크바, 상트페테르부르그, 블라디보스토크)이 자신의 주도적인 지위를 유지하는 가운데 시베리아와 극동지역의 대학들에서 한국어 구사능력을 갖춘 전문가를 육성해야 한다는 요구가 부단히 증가하고 있다는 점이다. 이런 현상은 이 지역들이 한국과 인접해 있고, 한반도와 경제적 문화적 관계가 점차 강화되는 것과 무관하지 않다. 오늘날 러시아의 몇 개 대학들은 한국어 구사능력뿐만이 아니라, 전문적 지식을 겸비한 젊은 세대의 러시아 한국학자들을 육성하기 좋은 거점이 되었다. 하지만 대다수 졸업생은 대학과 학계에서 현실적인 영역으로 떠나고 있고, 한국학의 향후 발전에 기여하지 못하고 있다.

학술연구로서의 한국학과 대학에서의 한국학 이외에도 러시아 한국학에서 다른 몇 개의 방향을 대별해 볼 수 있다. 그것들을 간략하게 언급하겠다.

교육 분야

교육 분야는 중·고등학교에서의 한국어 교육과 그 한국어 교육을 담당할 교원을 양성하는 것과 관련된다. 모스크바, 블라디보스토크, 하바롭스크, 사할린에 한국계 학생들이 다니는 한국어 교육을 하는 중등학교들이 있다. 특히 모스크바의 1086학교가 유명하다. 그 곳에서는 모든 학생들이 한국어를 배운다. 러시아 극동지역 몇몇 도시의 학교들에서는 한국어를 배울 수 있는 학급들이 만들어졌다.

문화 분야

러시아 많은 지역들에 한국어와 한국문화를 배울 수 있는 동아리, 코스, 학급들이 있다. 이런 활동들은 다양한 고려인연합회나 선교조직들, 대한민국 국가기관들의 후원으로 이루어진다. 한국 관련 기초교육에 상당히 많은 러시아인이 유입되고 있다.

4. 현대 러시아 한국학의 전반적 상황과 문제점

러시아 한국학의 발전을 책임지는 한국학자들의 인력현황을 언급하는 것도 반드시 필요하다. 이에 관한 현황 분석은 저명한 한국학자 타치야나 심비르체바의 자료에 기초했다.[7]

---

7) 심비르체바 T.M., 「러시아 한국학의 오늘」, 『동양(Oriens)』 No. 6, 2007, pp. 125~133.

<표 1>이 보여주듯이, 25년 동안 활발하게 학술활동과 교육활동을 하는 전문적 한국학자의 수는 실질적으로 변하지 않았다. 대신에 러시아 한국학자들 사이에 새로운 그룹이 등장했는데, 한국학 분야에서 학술과 교육활동을 하지만 기본적인 한국학 교육을 받지 않은 사람들과 주로 교육활동만 하는 전문적 한국학자들이다.

〈표 1〉 러시아 한국학의 인력 현황

시기	소비에트/ 러시아 한국학자 수(명)	산출 근거
1990년 (소비에트한국학자 연합회 구성원)	132	소비에트한국학연합회 명단
2006년 (『현대 러시아의 한국학』 자료)	131	전문적 한국학 교육을 받았고, 한국학 분야에서 학술활동과 교육활동을 하는 사람
	45	전문적 한국학 교육을 받았고, 한국학 분야에서 교육활동을 하지만, 학술활동을 적극적으로 하지는 않는 사람
	55	전문적 한국학 교육을 받지 않았으나, 한국학 분야에서 학술활동과 교육활동을 하는 사람

2006년 총계를 보면, 이러저런 방식으로 한국학 분야에서 활동하는 사람들이 231명이다. 러시아 한국학자의 총 수가 거의 두 배인 75% 증가한 것이다(<표 1>).

이러한 현상은 전문적인 한국학 교육을 받지 않은 연구자들이 한국학계에 유입되었고, 한국학 교육 프로그램을 개설하고 학술적 활동보다 교육활동을 주로 하는 사람들을 채용한 시베리아와 극동의 고등교육기관이 현저히 증가했기 때문이다.

이러한 현상들이 계속 진행되고 있으므로, 현대 러시아의 한국학자

수가 2006년과 비교해 크게 달라지지 않았다고 하는 것이다.

<표 2>는 앞에서 언급한 러시아 한국학자 분포에서 중요한 변화를 재차 확인해준다. 전통적인 한국학 연구 중심지들에서 전문가 숫자는 근소하게 줄어들었다. 특히 모스크바의 감소가 눈에 띈다. 시베리아, 극동지역, 그리고 러시아 남부의 십여 개 도시들에서 한국 연구를 시작했는데, 이들 지역은 1990년대 초까지 한국학이 한 번도 교육되지 않았던 곳이다. 여기서 볼 수 있는 추세는 명백하다. 즉 러시아의 '실무적 한국학'은 러시아 동부지역으로 점차 이동하고 있지만, 한국학의 주요한 학술적·교육적 중심지는 여전히 모스크바이다.

예전과 같이, 러시아 한국학의 기본적인 중심지는 모스크바, 상트페테르부르그, 블라디보스토크이다. 하지만 다른 도시들, 즉 노보시비르스크, 이르쿠츠크, 유즈노사할린스크, 하바롭스크 등에서도 역량을 키워가는 중이다.

〈표 2〉 러시아 한국학자의 지역별 분포

도시	1990년 (인원수, %)	2006년 (인원수, %)
모스크바	91(68.9%)	75(57.3%)
레닌그라드 - 상트페테르부르그	16(12%)	15(11.5%)
블라디보스토크	9(6.8%)	17(13%)
노보시비르스크	3	0
마그니토고르스크	1	1
바르나울	1	-
크라스노야르스크	-	1
이르쿠츠크	2	9
울란우데	-	5
야쿠츠크	-	1
하바롭스크	1	1
우수리스크	-	4

유즈노사할린스크	1	6
크라스노다르	-	2
총계	132	131

러시아 한국학의 현재 상황에 대한 러시아 전문가들의 평가는 엇갈린다. 한편에서는 전통적인 여러 중심지들(모스크바, 상트페테르부르그)을 포함한 여러 지역에서 한국학이 점진적으로 발전하고 있으며, 몇몇 지역(블라디보스토크)에서는 이 발전이 매우 '폭발적' 성격을 가진다는 것이다.[8] 다른 한편에서는, 발표자의 생각도 마찬가지이지만, 러시아 한국학은 지금 일련의 어려움을 겪고 있다는 것이다. 그 어려움들은 다음과 같다.

① 대학들에서 교과과정에 교재로 쓰일 서적들이 완비되지 않았다. 특히 지역연구 과목들의 경우에는 더욱 그렇다.
② 한국에 관한 수준 높은 학술서적이 출판되는 경우가 드물다.
③ 졸업생들의 일부만이 전공을 살려 취업한다. 가장 유망한 졸업생들은 해외로 나가거나 실무 영역으로 떠난다.
④ 러시아 한국학을 주도했던 세대가 늙고 은퇴하고 있다. 특히 학술적 한국학 분야에서 그러하다.
⑤ 러시아 한국학의 정보화 수준이 높지 않다. 물론, 주도적인 교육과 학술 중심지들(러시아대학 한국학연합회 회원대학들과 주도적인 학술연구소들)은 인터넷에 자신들의 사이트를 개설했다. 하지만 개인 홈페이지는 극히 드물다. 개인 홈페이지를 가지고 있는 사람들은 주로 해외에서 왕성히 활동하는 러시아 한국학

8) 보론체프 A.B, 「서문」, 『현대 러시아의 한국학』, 모스크바: 3월 1일, 2006, p. 14.

자들이다.

⑥ 전 러시아 한국학 전자도서관 아니면 여러 연구소와 대학들에 산재되어 있는 한국학 서지의 전자카탈로그라도 만들어지기를 고대한다.

⑦ 러시아 한국학자들이 해외에서 영어나 한국어로 권위 있는 학술지에 게재하는 경우가 극히 드물다.

⑧ 최근 한국학자들 사이에는 정치학과 경제학 분야에 치우치는 '왜곡'이 나타나고 있다. 이와 함께 역사, 민속학과 문화 영역의 전문가 수가 감소하고 있다.

특별히 언급해야 하는 가장 첨예한 문제들 가운데 하나는 문법이론과 언어사 부분을 전공한 한국학자가 점차 사라지고 있다는 것이다.

러시아 한국학의 향후 발전 전망은 위에서 언급한 문제들을 해결하는 것이다. 또한 앞서 언급한 것처럼, 학문의 구성을 강화하기 위해 실제적인 한국학 방면으로의 왜곡을 극복하는 것도 직접 연관되어 있다. 이를 위해서는 무엇보다 많은 젊은이들이 학계로 진입하는 것이 요구된다.

5. 맺음말 : 극동연방대학교의 한국학 연구

끝으로 극동연방대학교에서의 한국학 교육에 대해 몇 가지 언급할 것이다. 바로 이곳, 블라디보스토크에서 1899년 동양학연구소가 개소하면서 러시아대학에서 한국학이 시작되었다. 그리고 1년이 지난 1900년에 러시아에서 첫 번째 한국어문학과가 개설되었다. 하지만 대학은 잘 알려진 사건으로 인해 1939년 7월부터 1975년까지 문을 닫았고, 블라디보스토크에서 한국학자 양성은 이루어지지 않았다.

사반세기가 지나 1975년 9월 1일 극동국립대학교DVGU에서 한국학 과목의 교육이 재개되었고, 극동 한국학 역사의 새로운 페이지가 펼쳐졌다. 극동 한국학의 '황금세기'는 1996년에서 2010년까지이다. 대한민국 파트너들의 많은 지원 덕분에 극동국립대학교에 한국학 단과대학(학부)이 만들어졌는데, 대한민국 밖에 있는 가장 큰 한국학 교육거점으로 성장했다. 단과대학에는 2개의 한국학과, 학술연구센터, 러시아에서 가장 큰 한국학 도서관, 몇 개의 민속팀이 있었다. 학생 수는 300명이 넘었고, 교수 수는 30명에 육박했다. 한국학 단과대학의 교육, 학술연구를 대한민국 후원자들이 적극적으로 지원해 주었다. 그중에서도 특히 단과대학의 설립자인 장치혁 회장과 한국국제교류재단 Korea Foundation의 지원이 컸다.

그러나 애석하게도 블라디보스토크 소재 몇 개의 대학이 통합되어 극동연방대학교DVFU가 되었고, 심각한 구조조정이 뒤따랐다. 이 과정에 한국학 단과대학을 비롯해 모든 학부가 해체되었다. 우리 대학에는 2010년부터 독립된 한국학 학부가 사라졌고, 2017년 여름에는 '황금세기' 마지막 흔적인 유일했던 한국학 도서관이 해체되었다.

지금 극동연방대학교에는 한국학과(2010년 이후)가 있고, 2015년 대한민국에서 온 3명의 선생님들을 포함해 20명의 교수진이 근무하고 있다. 2015년에는 한국학중앙연구원AKS의 지원으로 한국학연구센터의 활동이 재개되었다. 그리고 우리는 극동연방대학교에서 매년 국제한국학학술대회가 개최되는 것에 기뻐하고 있다. 대회 참가 대상자는 대략 220명인데, 올해에는 80여명이 참석했다. 우리는 예전처럼 학생 수나 졸업생 수(매년 20~30명)에 있어 러시아에서 선도적인 위치를 고수하고 있으며, 동양학 학사·석사·박사 학위과정을 운용하고 있다. 러시아에서 한국어로 동양학 석사와 박사를 양성하는 학교는 총 3개교(모스크바국립대학교, 상트페테르부르그국립대학교, 극동연방대학교)뿐이다.

여러분들이 보셨듯이, 우리는 한국학 도서관의 해체를 포함해 심각한 손실을 입었다. 하지만 우리가 지켜낸 것도 있다. 예를 들면 학생 수나 그들을 교육시키는 질적 우월성이 그것이다. 우리는 위에서 언급한 동양학의 전반적인 문제들을 겪고 있다. 예를 들어 어문학 교육을 중단해야만 하는 것 등이다. 다행스럽게도 우리는 우리의 문제들과 홀로 싸우고 있지 않다. 대한민국의 파트너들이 우리를 계속 지원해주고 있다. 이 자리를 빌려 그들에게 우리의 뜨거운 감사를 표하고 싶다.

Корееведение в современной России: университеты и академические институты

И.А. Толстокулаков*

Отличительной особенностью россий ского корееведени
я с момента его возникновения во второй половине XIX ве
ка является комплексный и фундаментальный характер.
Корееведение в нашей стране сложилось как отдельная о
трасль востоковедной науки, включающая различные про
фессиональные направления - географию, этнографию, ис
торию, филологию (лингвистику и литературоведение), эко
номику, политику, а также ряд других областей знания, св
язанных с проблемами страноведческого изучения Кореи.

По мнению современного патриарха россий ского корееве
дения Л.Р. Концевича, объективными предпосылками для
развития корееведческих исследований и образования в Ро
ссии были и остаются следующие факторы:

— географическое, геополитическое и этнокультурное с

* профессор кафедры корееведения, директор Центра корееведческ
их исследований , Дальневосточный федеральный университе
т, г. Владивосток, Россия

оседство Корей ского полуострова с Тихоокеанской Ро ссией , расположенной на перекрестке материковой и островной культур, европей ского и азиатского мир ов;

- давние всесторонние связи и обмен между двумя сосе дними странами;
- важная роль Корей ского полуострова в тихоокеанско й политике России;
- существование значительной корей ской диаспоры в многонациональной России;
- научный и практический интерес русских по отноше нию к восточноазиатской цивилизации, в которой К орея занимает одно из центральных мест.[1]

Наиболее сильным направлением россий ского корееввед ения являются гуманитарные науки, связанные с изучение м корей ского языка и литературы, культуры и этнографи и, истории и географии. Эти области знания традиционны для нашего классического востоковедения в целом. Для ре шения разноплановых страноведческих задач требуются сп ециалисты, владеющие, прежде всего, корей ским языком и целым комплексом страноведческих компетенций , и по этому корееведение как научная отрасль развивается на ба

1) Концевич, Л.Р. О развитии традиционного корееведения в царской России / Л.Р. Концевич // Энциклопедия корейцев России. 140 лет в России / Под ред. Б. Цой. – М.: РАЕН, 2003. С. 77~78.

зе корееведческого образования.

Эта неразрывная связь сложилась в конце XIX века и сох
раняется по сей день, однако ряды россий ских исследоват
елей Кореи с конца 1990-х гг. пополнились большим коли
чеством коллег, которые не владеют корей ским языком и
занимаются изучением страны на основе англоязычных ма
териалов, что, по вполне понятным причинам, создаёт нем
ало проблем. В то же время это способствует формировани
ю новых направлений в россий ском корееведении - пре
жде всего, политологического и экономического. В силу да
нной причины традиционное корееведение в России, основ
анное на синтезе академического (научного) и университет
ского (образовательного) направлений , выходит за рамки
гуманитарного знания и приобретает важное практическое
значение.

Решая гуманистическую задачу ознакомления россий ско
го общества с Кореей и её народом, россий ское корееведе
ние изначально способствовало сближению и взаимообога
щению народов двух наших стран, но в то же время оно ста
ло неотъемлемой частью русской науки и культуры, пре
вратилось в самостоятельную и крупную отрасль востоков
едения, имеющую значительные достижения и междунаро
дное признание.

Исторические корни отечественного корееведения следу
ет искать в середине XIX в., оно имеет длительную и поро
ю драматичную историю. Начавшись примерно с середины

XIX в., становление россий ского корееведения происходил о поэтапно:

1. этап. Начало систематического знакомства с Кореей и формирование условий для страноведческого изучени я Кореи в царской России (середина XIX в. – 1917 г.);
2. этап. Становление гуманитарного кореведения в ССС Р (1917 – 1945 гг.);
3. этап. Формирование корееведения как самостоятельно й и значимой отрасль классического советского восто коведения (1945 – 1990 гг.);
4. этап. Развитие россий ского корееведения как компле ксной и практически-ориентированной востоковедно й науки (с начала 1990-х гг.).[2]

Наша задача заключается в характеристике современног о состояния корееведческой науки и образования в Россий ской Федерации. Прежде всего, несколько слов о тех мате риала, которые послужили источниковой основой для про ведения настоящего исследования:

1) В 2004 – 2011 гг. в России издавалась книжная серия «Р оссий ское корееведение в прошлом и настоящем». Оп убликовано девять томов, которые вполне обоснованн о можно оценить, как подведение итога развитию рос сий ского корееведения в XIX – XX вв. и анализ его на

---

2) Дана авторская периодизация с учетом точки зрения Л.Р. Концевича (см.: Концевич, Л.Р. Указ. соч. С. 77~102.).

учного потенциала, сложившегося к началу XXI в. Наибольший интерес, с точки зрения нашего доклада, представляет том третий «Современное российское корееведение»[3], в котором описаны российские центры корееведения (научные институты и центры, вузы, архивы, библиотеки, музеи) и специалисты-корееведы.

2) Материалы Российской ассоциации университетского корееведения (РАУК) и Организации преподавателей корейского языка российских университетов (ОПКЯРУ), представленные в печатном или электроном вариантах[4].
3) Библиографические и обзорные работы Л.Р. Концевича[5], в которых дана всеобъемлющая характеристика истории и современности российской корееведческой науки.

Изучение указанных материалов позволяет объективно и комплексно оценить состояние корееведения в современ

3) Современное российское корееведение. Справочное издание / Сост. Л.Р. Концевич, Т.М. Симбирцева. – М.: Первое марта, 2006. – 624 с. (Серия «Российское корееведение в прошлом и настоящем». – Т. 3).

4) Например: The Ceremonial Session in Commemoration of the 10th Anniversary of Russian Association of University Korean Studies. September 21 – 22, 2015. – Moscow: Moscow State Univ. Press, 2015. – 61 p. или Вебсайт РАУК: URL: http://www.rauk.ru/.

5) Концевич, Л.Р. Указ. соч.; Концевич, Л.Р. Избранная библиография литературы по Корее на русском и западных языках (с XIX века по 2007 год). – М.: Первое марта, 2008. – 592 с. (Серия «Российское корееведение в прошлом и настоящем». – Т. 6). и др.

ной России, включая академические институты и научные центры, а также университеты и другие высшие учебные заведения.

Остановимся на двух направлениях отечественного корееведения: академическом и университетском и приведем немного статистики.[6)]

Академическое корееведение. Корееведческое направление представлено в 10 научно-исследовательских институтах, относящихся к системе Российской Академии Наук (РАН):

- Институт востоковедения РАН (г. Москва) > Отдел Кореи и Монголии;
- Санкт-Петербургский филиал Института востоковедения РАН (г. Санкт-Петербург);
- Институт Дальнего Востока РАН (г. Москва) > Центр корейских исследований ;
- Институт мировой экономики и международных отношений (г. Москва) > Центр изучения современной Кореи;
- Институт экономики РАН (г. Москва) > Центр азиатских исследований ;
- Институт этнологии и антропологии РАН (г. Москва);
- Институт мировой литературы РАН (г. Москва);

6) Анализ проведен по: Современное российское корееведение. Справочное издание / Сост. Л. Р. Концевич, Т.М. Симбирцева. - М.: Первое марта, 2006. - 624 с. с учётом информации за 2007~2017 гг.

— Институт лингвистических исследований РАН (г. Са
нкт-Петербург) > Отдел алтай ских языков;
— Институт археологии и этнографии Сибирского отдел
ения РАН (г. Новосибирск);
— Институт истории, археологии и этнографии народов
Дальнего Востока Дальневосточного отделения РАН
(г. Владивосток) > Отдел изучения Японии и Кореи
(до сентября 2018 г.).

В двух из них существуют самостоятельные структурн
ые подразделения, работа которых ориентирована преиму
щественно на изучение корей ской проблематики (Инстит
ут востоковедения, Институт Дальнего Востока). До недав
него времени подобное подразделение существовало в Инс
титуте истории, археологии и этнографии народов ДВО РА
Н), но структурные преобразования 2018 г. привели к его ис
чезновению. В других институтах РАН корееведение предс
тавлено лишь отдельными специалистами.

К научно-исследовательским институтам тесно примы
кают 2 отраслевых научных центра:

— Центр Азиатско-Тихоокеанских исследований Дипло
матической академии МИД РФ (г. Москва);
— Научный центр евразий ских исследований Россий с
кой академии естественных наук (г. Москва), а такж
е 4 музея:
— Государственный музей Востока (г. Москва);

– Музей антропологии и этнографии (Кунсткамера) РА Н (г. Санкт-Петербург);
– Музей археологии и этнографии Института истории, археологии и этнографии народов ДВО РАН (г. Влади восток);
– Музей истории и культуры народов Сибири и Дальн его Востока (г. Новосибирск).

Материалы по Корее содержатся более чем в 20 государс твенных и региональных архивах России (Москва, Санкт-Петербург, Владивосток, Иркутск, Новосибирск, Хабаровск, Улан-Удэ, Омск). Корей ские фонды выделены в полутора десятках россий ских библиотек (Москва, Санкт-Петербур г, Владивосток).

Во многих из указанных научных учреждений трудятся лишь единицы корееведов, большинство же сосредоточено в трёх ведущих центрах - Москве, Санкт-Петербурге и В ладивостоке. Так сложилось исторически: возникнув снача ла в Санкт-Петербурге и Владивостоке, корееведение Росс ии впоследствии «осело» в столице - Москве, где и сей ча с существует максимально для страны количество корееве дческих учреждений .

Среди академических учреждений , прежде всего, научн о-исследовательских институтов РАН имеются и такие, г де нет специалистов по Корее, но несмотря на это, разраба тываются связанные с ней темы и для этого привлекают ся приглашенные исследователи, либо создаются совместн ые научные коллективы. Как правило, речь идет об эпизо дическом изучении страны, но и это является определенн ым вкладов в развитие россий ского корееведения. В данно м контексте следует упомянуть о Россий ском институте стратегических исследований (г. Москва), который неодн ократно «запускал» программы по изучению Кореи совмест но со специалистами из Владивостока.

С конца 1990-х гг. в России появились издательства, на правляющие много усилий на публикацию корееведческо й литературы, это:

- Издательство «Первое марта» при Корей ском культу рно-просветительском центре «Самиль» (г. Москва);
- Издательство «Восток - Запад» (до 2004 г. - «Мураве й ») (г. Москва);
- Издательская фирма «Восточная литература» РАН (г. Москва);
- Издательство Института востоковедения РАН (г. Мос ква);
- Издательство «Петербургское востоковедение» (г. Сан кт-Петербург).

Статьи по Корее регулярно публикуются в пяти академ ических и общественно-политических журналах, крупней шим и наиболее авторитетным из них является журнал И ДВ РАН «Проблемы Дальнего Востока»; в ИДВ РАН и ДВФ У ежегодно проходят международные конференции кореев едов.

Академическое корееведение России имеет ряд существенных проблем, большинство из которых связано с общим состоянием научной сферы. Наибольшую тревогу вызывает старение научного персонала институтов и центров, уровень оплаты труда здесь оставляет желать лучшего, растет бюрократическая нагрузка на сотрудников. В таких условиях молодежь не стремиться к научной карьере и, как правило, подыскивает более подходящую работу даже после окончания корееведческой аспирантуры. В результате за редчайшим исключением в академических института не удается обеспечить преемственность поколений , и с уходом старшего нередко исчезает сама возможность продолжать корееведческие исследования…

Очевидно, что значительно лучше обстоят дела в высшей школе.

Университетское корееведение. Преподавание корейского языка и корееведческих дисциплин ведется более чем в 30 вузах Российской Федерации, три из них (МГУ, СПбГУ, ДВФУ) стали авторитетными научными центрами, поскольку здесь не только реализуются корееведческие образовательные программы, но и созданы собственные центры корееведческих исследований .

Ведущие российские вузы, реализующие научные и образовательные корееведческие программы, в 2004 г. объеди нились в Россий скую ассоциацию университетского корееведения. В неё входят:

- Московский государственный университет > Институт стран Азии и Африки и Международный центр корееведения (г. Москва);
- Санкт-Петербургский государственный университет > Институт междисциплинарных исследований Кореи (г. Санкт-Петербурге);
- Дальневосточный федеральный университет > Восточный институт и Центр корееведческих исследований (г. Владивосток);
- Новосибирский государственный университет > Центр корей ских исследований (г. Новосибирск);
- Иркутский государственный университет > Корей ский центр (г. Иркутск);
- Россий ский государственный гуманитарный университет > Институт восточных культур и античности (г. Москва);
- Московский государственный лингвистический университет > Отделение корей ского языка (г. Москва).
- Не менее значимыми центрами корееведческого образования являются:
- Высшая школа экономики (г. Москва), Департамент востоковедения;
- Сахалинский государственный университет (г. Южно-Сахалинск), Институт филологии и востоковедения;

– Московский государственный институт международ ных отношений (Университет) МИД РФ (г. Москва);
– Тихоокеанский государственный университет (г. Ха баровск);
– Россий ский государственный педагогический унив ерситет имени А. И. Герцена (г. Москва);
– Казанский государственный университет (г. Казань);
– Иркутский государственный лингвистический уни верситет (г. Иркутск);
– Бурятский государственный университет (г. Улан-Удэ);
– Амурский государственный университет (г. Благове щенск) и др.

В россий ских университетах выходят три сериальных к ореееведческих издания: «Вестник россий ского корееведени я» (МГУ, г. Москва); «Вестник Центра корей ского языка и культуры» (СПбГУ, г. Санкт-Петербург); «Вестник Центра корееведческих исследований Дальневосточного федераль ного университета» (ДВФУ, г. Владивосток). Старение науч ных кадров в НИИ приводит к тому, что центр корееведче ских исследований постепенно перемещается в университ етскую сферу. Не случай но ежегодные общероссий ские на учные конференции корееведов проводятся не только в ак адемическом ИДВ РАН, но и в ДВФУ.

Ещё одна тенденция последних 10 - 15 лет в сфере разв

ития корееведческого образования заключается в том, что при сохранении ведущих позиций традиционных центров (Москва, Санкт-Петербург, Владивосток) неуклонно возрастает потребность в подготовке специалистов со знанием корей ского языка в вузах Сибири и Дальнего Востока. Это объясняется территориальной близостью данных регионов к изучаемой стране, а также усилением региональных экономических и культурных связей с государствами Корей ского полуострова. Сегодня ряд россий ских вузов уже стал неплохой базой для подготовки молодого поколения россий ских корееведов, обладающих не только языковыми навыками, но и другими профессиональными компетенциями. Однако подавляющая часть выпускников уходит из университетской и академической среды в практическую сферу, что отнюдь не способствует дальней шему прогрессу корееведения.

Помимо академического и университетского в россий ском корееведении можно выделить ещё несколько направлений , скажем о них очень коротко.

Педагогическая сфера. Она связана с преподаванием корей ского языка в общеобразовательных школах и с подготовкой педагогов для них. В Москве, Владивостоке, Хабаровске и на Сахалине функционируют средние школы с этнокультурным корей ским компонентом и преподаванием корей ского языка. Широко известна с. ш. №. 1086 г. Москвы, где все учащиеся изучают корей ский язык. В ряде городов россий ского Дальнего Востока в школах созданы отдельные классы с изучением корей ского языка.

Культурная сфера. Во многих регионах России дей ствуют кружки, курсы и классы по изучению корей ского языка и основ корей ской культуры. Они работают под эгидой различных ассоциаций россий ских корей цев, миссионерских или государственных органов Южной Кореи и вовлекают в сферу начальной корееведческой подготовки значительное количество наших соотечественников.

Полагаем необходимым особо остановиться на состоянии человеческого капитала, обеспечивающем развитие современного корееведения в России. Его анализ проведен на основе данных известного россий ского корееведа Т.М. Симбирцевой.[7]

Таблица 1. Человеческий капитал в российском корееведении

Период	Численность советских / российских корееведов	Основание для учёта
1990 г. (в составе Ассоциации советских корееведов)	132	включены в список действительных членов АСК
2006 г. (по данным справочног	131	имеют профессиональное корееведческое образование, занимается научной или образ

7) См.: Симбирцева, Т.М. Российское корееведение сегодня / Т.М. Симбирцева // Восток (Oriens). - 2007. - № 6. - С. 125-133.

о издания «Современное российское корееведение»)		овательной деятельностью в области корееведения
	45	имеют профессиональное корееведческое образование, занимаются образовательной деятельностью в области корееведения, но не ведут активной научной работы
	55	не имеют профессионального корееведческого образования, но занимаются научной или образовательной деятельностью в области корееведения

В рассматриваемый период примерно за 25 лет число профессиональных корееведов, активно ведущих образовательную и научную деятельность практически не менялось. Зато появляется новая прослойка российских корееведов: лица, занимающиеся образовательной и научной деятельностью в сфере корееведения, но не имеющие базовой корееведческой подготовки, а также профессиональные корееведы, избравшие преимущественно образовательную сферу деятельности. В общей совокупности в 2006 г. мы имеем 231 специалиста, так или иначе трудящегося в области корееведения, а это значит, что общее число российских корееведов выросло на 75%, почти вдвое (см. Табл. 1).

Этот рост обеспечен приходом в корееведческую сферу исследователей , не имеющих профессиональной подготовки, а также значительным ростом числа сибирских и дальневосточных вузов, открывших корееведческие образовательные программы и привлекших на работу коллег, предпочитающих образовательную деятельность научной .

Данные факторы продолжают действовать, и поэтому у

нас есть все основания полагать, что численные характери стики современного россий ского корееведения по сравнени ю с 2006 г. изменились в незначительной степени.

Таблица 2. География распределение российских корееведов

Город	1990 г. чел. (%)	2006 г. чел. (%)
Москва	91 (68,9%)	75 (57,3%)
Ленинград – Санкт-Петербург	16 (12%)	15 (11,5%)
Владивосток	9 (6,8%)	17 (13%)
Новосибирск	3	0
Магнитогорск	1	1
Барнаул	1	-
Красноярск	-	1
Иркутск	2	9
Улан-Удэ	-	5
Якутск	-	1
Хабаровск	1	1
Уссурийск	-	4
Южно-Сахалинск	1	6
Краснодар	-	2
Всего:	132	131

Табл. 2 подтверждает отмеченные ранее существенные изменения в географии распространения корееведения в Ро ссии. Число специалистов в традиционных центрах кореев едения незначительно уменьшается, особенно в Москве. К изучению Кореи приступили в десяти городах Сибири, Дал

ьнего Востока и юга России, где до начала 1990-х гг. корее ведение никогда ранее не преподавалось. Тенденция очев идна: практическое корееведение России постепенно перем ещается на восток, но главным центром и научной , и обра зовательной деятельности корееведов остается Москва.

Основными центрами россий ского корееведения по-пре жнему являются Москва, Санкт-Петербург и Владивосток, но и в других городах оно набирает силы: в Новосибирске, Иркутске, Южно-Сахалинске, Хабаровске… И все же среди отечественных специалистов нет единодушия в оценках с овременного состояния россий ского корееведения. По мнен ию одних, в ряде центров, в том числе и традиционных (М осква, Санкт-Петербург), оно развивается поступательно, а в некоторых регионах (Владивосток) это развитие даже им ело «взрывной » характер.[8)]

По мнению других, в том числе и автора доклада, корее ведение в России в настоящее время испытывает ряд затр уднений :

учебный процесс в вузах не в полой мере обеспечен уч ебной литературой , особенно по страноведческим дисцип линам;

редко издается качественная научная литература по Кор ее;

8) Воронцов, А.В. Предисловие / А.В. Воронцов // Современное российское корееведение. Сп равочное издание / Сост. Л.Р. Концевич, Т.М. Симбирцева. - М.: Первое марта, 2006. С. 14.

— лишь незначительная часть выпускников работает п
о специальности, самые перспективные уезжают за р
убеж или уходят в практическую сферу;

— стареет и уходит поколение ведущих россий ских кор
ееведов, особенно в академической науке;

— не всё сделано в сфере информатизации россий ского
корееведения, конечно, практически все ведущие обр
азовательные и научные центры (главным образом ч
лены РАУК и ведущие НИИ) имеют собственные сай
ты в Интернете, однако персональных страниц край
не мало, их имеют в основном те из россий ских коре
еведов, кто активно работает за рубежом;

— елательно создать общероссий скую электронную биб
лиотеку корееведения или, хотя бы, электронные ка
талоги имеющихся в различных центрах корей ских
библиотечных фондов;

— чрезвычай но мало публикуются россий ские корееве
ды за рубежом, в рей тинговых научных журналах на
англий ском и корей ском языках;

— в последние годы в среде корееведов наблюдается от
раслевой «перекос» в пользу политологов и экономис
тов, при этом сокращается число специалистов в обла
сти истории, этнографии и культуры.

Одной из острей ших проблем, о которой следует сказа
ть особо, является постепенное исчезновение корееведов

– лингвистов, специализирующихся в области теоретической грамматики и истории языка.

Очевидно, что ближай шие перспективы развития россий ского корееведения напрямую связаны с решением указанных проблем, а также с преодолением намечающегося перекоса в сторону практического корееведения за счёт усиления научной составляющей , а для этого потребуется значительный приток молодых сил в академическую среду.

В заключении позвольте сказать несколько слов о корееведческом образовании в Дальневосточном федеральном университете. Именно здесь, во Владивостоке, собственно, и началась история университетского корееведения России, когда в 1899 г. был открыт Восточный институт, а год спустя, в 1900 г. – первая в России кафедра корей ской словесности. Однако в июле 1939 г. в связи с известными событиями университет был закрыт и до 1975 г. подготовка корееведов во Владивостоке не осуществлялась.

Четверть века спустя, 1 сентября 1975 г., было принято решение о возобновлении преподавания корееведческих дисциплин в Дальневосточном государственном университете (ДВГУ), началась новая страница в истории дальневосточного корееведения. Его «золотым веком» явился период 1996 – 2010 гг., когда в ДВГУ при значительной финансовой поддержке южнокорей ских партнёров был создан Высший колледж (или факультет) корееведения, ставший крупней шим в мире центром корееведческого образования за пределами Кореи. Здесь существовали две корееведческие кафедры, научно-исследовательский центр, крупней шая в России корееведческая библиотека, несколько фольклорн ых коллективов… Численность студентов превышала 300 человек, а профессуры достигала почти 30. Образовательну ю и научно-исследовательскую работу Высшего колледжа корееведения активно поддерживали южнокорей ские спон соры, прежде всего его основатель господин Чан Чихёк и К орей ский Фонд международных обменов (Korea Foundation).

К сожалению, слияние нескольких ведущих владивосто кских вузов в Дальневосточный федеральный университ ет (ДВФУ) повлекло за собой серьёзные структурные прео бразования, все факультеты, в том числе Высший коллед ж корееведения были упразднены. С 2010 г. в нашем униве рситете больше нет самостоятельного корееведческого фак ультета, а летом 2017 г. была расформирована уникальная корееведческая библиотека - последние отголоски нашег о «золотого века».

В ДВФУ имеется кафедра корееведения (с 2010 г.), на не й работает 20 человек, включая трёх преподавателей из Республики Корея, в 2015 г. В 2015 г. при грантовой поддер жке Академии корееведческих исследований (AKS) возобн овилась работа Центра корееведческих исследований . И м ы очень рады возможности ежегодно проводить в ДВФУ М еждународную корееведческую конференцию. Число учащи хся примерно 220 человек, в этом году к нам поступило бо

лее 80 человек. Мы по–прежнему остаемся лидерами в Рос
сии по численности студентов–корееведов и их выпуску:
ежегодно выпускается 20 – 30 человек. Реализуется три об
разовательные программы: востоковедный бакалавриат и
магистратура, а также аспирантура. Кстати, в России всего
три вуза (МГУ, СПбГУ и ДВФУ) готовят магистров–востоко
ведов и аспирантов с корей ским языком.

Как видите, за эти годы были у нас и серьёзные потер
и, в том числе необратимые (расформирование корееведчес
кой библиотеки), но кое–что нам удалось сохранить, напр
имер, приоритет по числу студентов и качеству их подгот
овки. Есть у нас и общие востоковедные проблемы, о котор
ых было сказано выше, например, мы вынужденно прекра
тили подготовку филологов. К счастью, мы не одни с наш
ими проблемами, и партнёры из Республики Корея продол
жают наш поддерживать. Пользуясь данным случаем, хоте
лось бы ещё раз выразить им нашу горячую признательнос
ть.

II. 동북아 지역 한국학 연구 동향

중국에서 한국학 교육의 역사와 현황 그리고 향후 전망*

윤해연**

1. 중국에서 '한국학' 용어의 변천사

'한국학韓國學'이란 용어가 중국에서 사용된 역사는 별로 길지 않다. 조선학, 고려학, 코리아학, 한국학 등 용어가 사용되기 시작한 것은 중국 대학들의 대외개방 및 교류협력과 밀접한 관련이 있다. 중국의 개혁개방 정책은 1978년 12월 중국공산당 제11기 3중전회에서 시작되었지만 과학기술, 교육, 문화 등 분야의 개혁개방은 1980년대 중반부터 본격적으로 이루어지기 시작하였다. 오랜 냉전 시기를 거치면서 조선과의 교류협력에만 익숙했던 중국인들에게 한국은 아주 낯설고도 이질적인 존재였다.

그러나 사실 문화대혁명이 끝나자 중국의 여러 대학과 연구소들은 이미 활발한 움직임을 보이기 시작하였다. 연변대학에서는 1978년 7월 조선족역사어문연구소가 회복되고 산하에 조선족 역사, 언어, 문학, 민족이론과 민족정책 등 4개 연구실을 설치하였다. 그리고 조선문제연구소를 신설하여 조선 철학, 경제, 역사 등 3개 연구실을 두었다.[1)]

* 이 논문은 연세대학교 국학연구원, 『동방학지』 177(2016)에 실린 논문임.
** 중국 남경대학 한국어문학과 교수, 한국학연구센터장.
1) 박찬규 편, 『연변대학 대사기(大事記) 1948. 10~1988. 12』, 연길: 연변대학출판사, 1988, p. 72.

조선문제연구소는 1983년부터 『조선문제연구총서』(중문판) 시리즈를 간행하기 시작하였다. 1979년 8월에 중국조선역사연구회(박문일 회장)가 설립되었다.[2] 1981년 7월에는 중국조선문학연구회(정판룡 이사장, 허문섭 부이사장), 8월에는 중국조선어학회(이희일 이사장, 최윤갑 부이사장)가 설립되었다.[3] 또한 연변대학출판사에서는 1989년부터 『조선학연구』(한글판) 총서 시리즈를 간행하기 시작하였다. 해당 총서 제1집에서 정판룡은 '조선학'에 대하여 중국 최초로 본격적인 정의를 다음과 같이 시도하고 있다. "조선학은 조선의 정치, 경제, 철학, 역사, 언어, 문학, 교육, 예술 등을 연구하는 전문학과로서 중국으로 보면 외국학에 속한다. (중략) 연변대학에서의 조선학 연구는 비록 1950년대부터 시작되었다고는 하나 실제적인 연구가 전개된 것은 최근 몇 년에 불과하며 또 조선학이 근대적 의미에서 우리 대학 학문 연구의 대상으로 되기 시작한 것도 중국에서 개혁개방 정책이 실시된 후인 오늘의 일이다."[4] 그런데 1997년에 이르면 정판룡은 '조선학' 대신 '고려학'이라는 용어를 사용하며 "조선과 한국 문제 연구를 통틀어 고려학이라 한다"[5]고 덧붙이고 있다.

1986년 8월, 북경대학에서는 제1회 조선학 국제학술토론회가 개최되었는데 이는 조선어문학 분야에서 중국 최초의 국제학술회의[6]로서 조선, 일본, 미국, 캐나다 학자들이 참가하였다. 1987년 3월에는 북경대학 조선문화연구소(최응구 소장, 안병호 부소장)가 설립되었다. 그리고 1993년 6월부터 『코리아학 연구KOREA STUDIES』(한글판)를 민족출

2) 박찬규 편, 위의 책, p. 76.

3) 박찬규 편, 위의 책, p. 82.

4) 정판룡, 『정판룡문집』, 연길: 연변대학출판사, 1992, pp. 168~169.

5) 정판룡·레이즈진(雷子金), 「백화쟁염(百花爭艷): 1990년대의 고려학 연구」, 『연변대학 사회과학학보』, 1997년 제1기, p. 118.

6) 정판룡, 『고향 떠나 50년』, 북경: 민족출판사, 2000, p. 447.

판사에서 부정기적으로 발행하기 시작하여 2000년 9월 제8집까지 간행하였다. 1991년 4월, 북경대학에는 또 조선역사문화연구소가 설립되었고 1993년 9월부터 한국학연구센터韓國學研究中心(양퉁팡楊通方 주임)로 명칭을 변경하였다. 이 센터는 1992년부터 『한국학논문집COLLECTED ESSAYS OF STUDY ON KOREA』(중문판)을 간행하기 시작하여 지금까지 연 1회씩 꾸준히 간행하고 있다. 북경에 있는 중앙민족대학 역시 1992년에 조선연구센터(나중에 조선한국연구센터로 변경)를 설립하였다. 그리고 1991년부터 『조선학』(한글판) 논문집을 연 1회 간행하여 오다가 2004년부터 『조선-한국학 연구』로 변경하여 출판하고 있다.

남방 지역에서는 복단대학이 1992년에 조선한국연구센터(스위안화石源華 소장)를 설립하여 1994년부터 활동을 시작하였고 1995년부터는 『한국연구논총』(중문판)을 간행하기 시작하여 2016년 현재 31집까지 출판하였다. 항주대학(1998년에 절강대학으로 통합)은 1993년 4월에 한국연구소(선산훙沈善洪 소장, 진젠런金健人 부소장)를 설립하고 1994년부터 『한국연구』(중문판)를 지금까지 꾸준히 간행하고 있다. 남경대학은 1997년에 사학과에서 한국연구소(차이사오칭蔡少卿 소장)를 설립하였고 2001년부터 『중한역사문화교류논문집』(중문판)을 부정기적으로 출판하다가 중단하였다.

그리고 특기할 만한 사항은 국제고려학회의 설립과 활동이다. 1986년 8월 북경대학에서 개최된 제1회에 이어 제2회 조선학국제학술토론회가 북경대학에서 개최되었는데 여기에서 국제고려학회 창립준비위원회가 발족되었다. 여러 준비과정을 거쳐 1990년 8월 5일, 일본 오사카국제교류센터에서 개최된 제3회 조선학 국제학술토론회 폐회식에 이어서 국제고려학회 창립회의가 열렸다. 그리하여 중국, 일본, 조선, 한국뿐만 아니라 미국, 유럽 등 각국의 학자들을 아우르는 국제고려학회International Society for Korean Studies의 창립을 선언하였다. 1991년부터는 『국제고려학』(한글/영문판) 학술지를 간행하기 시작하여 올해까지 16호를 발간하였다. 국제고려학회는 중국 내 조선학이 최초로 국제화의 길로 나아갈 수 있는 초석을 마련하였으며 아울러 세계적인 학문 네트워크를 형성하는 데 중대한 기여를 하였다.

위에서 보다시피 1949년 건국 이후 중국에서는 처음에 '조선학'이라는 용어를 사용하다가 '고려학', '코리아학', '조선-한국학', '한국학' 등 다양한 용어를 혼용해 왔다. 그 내포 역시 다양하게 진화되어 왔는바 이 부분은 본론에서 자세히 다루기로 한다. 용어 사용에 있어 2000년대에 진입한 후부터 최근까지의 대세는 '한국학'이라고 할 수 있다. 우선 한국 국제교류재단에서 중국의 여러 대학에 지원한 한국어(한국학) 객원교수, 한국전공 대학원생펠로십, 방한연구펠로십 등 프로그램이 많은 영향을 미쳤다. 특히 2008년부터 한국학중앙연구원의 '해외한국학 중핵대학사업' 혹은 '해외한국학 씨앗형사업'에 참여하는 중국 대학이 늘어나면서 '한국학Korean Studies' 용어가 완전히 고착되었을 뿐만 아니라 남과 북을 모두 아우르는 포괄적 의미로 사용되고 있다.

중국 각 대학에서 사용해 온 '한국학'의 의미 내포가 아주 넓긴 하지만 졸고에서는 동아시아 한문화권과의 전통적 유대관계가 음으로든 양으로든 뿌리 깊게 남아 있는 언어, 문학, 역사, 철학, 문화 등 인문학 분야로 범위를 국한시키고자 한다. 그리고 역사적으로 인문한국학 교육에서 가장 큰 역할을 담당해 온 국립동방어문전문학교, 북경대학, 연변대학, 중앙민족대학과 더불어 1990년대 이후 한국학 교육이 활발하게 이루어진 복단대학, 산동대학, 남경대학 등을 중심으로 한국학 교육의 역사와 현황 등을 고찰하고자 한다. 여기에서는 주요하게 학부과정 교육만을 다루며 학부교육의 연장선에 있는 대학원 교육은 나중에 별도로 다룰 예정이다. 아울러 학부과정에서 실용어학 기능교육을 중심으로 하는 대학들도 여기에서는 다루지 않기로 하였다.

2. 동방학의 한 부분으로서의 한국학 교육

1) 중국에서 한국학 교육의 기원 —국립동방어문전문학교

중국에서 한국학 교육의 역사는 우선 먼저 언어에 대한 교육에서 비롯되었다. 언어 습득은 학문 연구에 있어 가장 기본적이고도 필수적인 조건인 까닭이다. 사실 근대 이전에 중국에서는 한국어를 가르칠 필요를 느끼지 못하고 있었다. 동아시아 한문화권에서는 상대방의 언어를 직접 구사할 수 없더라도 공통문어인 한문 필담筆談을 통해서 얼마든지 교류가 가능했던 까닭이다. 명나라 영락 5년(1407)에 설립되어 "중국 역사에서 최초의 아시아학 교육연구기관"[7]으로 기록되는 사이관四夷館에는 조선과의 밀접한 관계에도 불구하고 조선관이 설치되어 있지 않았다. 청나라 시기인 1644년에 이르면 사이관은 사역관四譯館으로 변경된다. 청 고종 건륭 13년(1748)에 사역관을 확대하려는 움직임에 대하여 조정은 다음과 같이 응대한다. "사역관은 다만 여러 나라의 번역 문자를 전습하는 것에 불과하다. 현재 조선, 유구, 안남 등 조공국은 표장表章에 본래 한문을 사용하기 때문에 번역이 필요 없다."[8] 이와 같이 한문화권에 속한 나라들은 한자를 사용하기에 해당 국가의

7) 류잉성(劉迎勝), 「송원(宋元)부터 청초(淸初)에 이르기까지 우리나라 외국어 교학사 연구」, 『화언(華言)과 번음(蕃音)』, 상해고적출판사, 2013, pp. 33~34. 당시 사이관에는 韃靼館(몽고문), 女直館(여진문), 回回館(페르시아문), 西番館(티베트문), 西天館(일종의 인도문자), 百夷館(윈난과 라오스 변경 민족의 문자), 高昌館(위구르 문자), 緬甸館(미안마문) 등을 설치하였다.

8) "四譯館不過傳習各國譯字. 現在入貢諸國: 朝鮮, 琉球, 安南表章本用漢文, 無須繙譯." 가오샤오팡(高曉芳), 『청말(晩淸) 양무학당의 외국어교육 연구』, 북경: 상무인서관, 2007, p. 34에서 재인용.

문자로 번역하거나 글을 가르칠 필요가 없다고 한 것이다. 나아가서 본래 한림원翰林院 소속이던 사역관을 외국 사절을 접대하는 기관인 예부禮部 소속 회동관會同館에 통합시켜 '회동사역관'으로 만들어 버렸다. 1861년 청나라 정부는 외국과의 교섭 업무를 전담하기 위한 부서로 총리각국통상사무아문(총리아문으로 약칭)을 설립하였다. 이듬해인 1862년에는 중국 근대 최초의 외국 관련 교육기관인 경사동문관京師同文館을 설립하였는데 영문관英文館(1862), 법문관法文館(1863), 아문관俄文館(1863), 덕문관德文館(1871), 동문관東文館(1897) 등이 포함되었다. 그러나 여기에서 '동문'은 결코 조선시대의 『동문수東文粹』, 『동문선東文選』, 『동문집성東文集成』 등과 아무런 상관이 없다. 청나라 말기에 '동문'은 바로 '일문日文'을 뜻하였던 것이다. 1863년에 설립된 상해광방언관上海廣方言館도 처음에 영어와 프랑스어만 가르치다가 독일어와 일본어를 추가하였다. 역시 1863년에 설립된 광동동문관(廣州同文館이라고도 함)은 영어, 일어, 프랑스어, 러시아어 등 외국어를 가르치는 외에 한문漢文과 만문滿文(만주어)도 개설하였다. 청말 양무파의 대표적 인물인 장지동張之洞이 1893년에 설립한 호북자강학당湖北自强學堂은 영어, 러시아어, 프랑스어, 독일어, 일본어(東文) 등을 가르쳤는데 그 중에서 일본어를 배우는 학생이 가장 많았다고 한다. 이처럼 청나라 말기의 여러 양무학당에서는 서방 강대국의 언어를 교육하는 데만 집중해 왔고, 동방에서는 오직 서양식 근대화에 가장 일찍 성공한 일본에만 관심을 가지고 있었다.

중국 근대의 교육기관 중에서 가장 먼저 외국어로서의 한국어 교육을 시작한 것은 바로 국립동방어문전문학교(이하 동방어전으로 약칭)이다. 동방어전의 전신은 1942년 5월에 윈난성 따리大理에서 설립된 동방어문훈련반東方語文訓練班이다. 당시 촉박하게 동방어문훈련반을 설립하게 된 가장 직접적인 계기는 바로 1942년 봄에 장제스蔣介石 주석이 연합군 중국작전구역 총사령관을 맡아서 통역 인재의 필요성을 절감했기 때문이다. 훈련반은 미얀마어, 섬라어(태국어), 베트남어 세 개 반으로 나누었다. 동남아시아에 거주하다가 귀국한 베트남, 미얀마, 태국 출신의 화교 청년들을 뽑아서 속성 교육을 실시한 후 바로 전쟁에 투입하였다. 특히 중국군이 미얀마로 원정하던 당시에 미얀마어 훈련생들이 총동원되었고 열대 원시림에서 많은 희생자를 냈다. 태국 출신의 화교인 우첸황吳乾煌은 유일하게 동방어문훈련반과 동방어전을 모두 경험한 증인이다. 그의 기록에 의하면 당시 훈련생들은 모두 이미 군인 신분으로서 어학 공부보다는 군사훈련을 더욱 많이 하였다고 한다. 군사작전의 필요에 의해 단 1회 모집에 그쳤으며, 베트남어와 태국어는 수요가 없어서 해산되었다[9]고 한다.

국립동방어문전문학교는 1942년 11월 1일에 윈난성 청궁呈貢에서 공식적으로 설립되었다. 윤은자의 연구에 의하면 동방어전은 청궁시기(1942. 11~1945. 6), 충칭시기(1945. 7~1946. 7), 남경시기(1946. 9~1949. 7)의 세 시기로 대략 6년 9개월 동안 유지[10]되었다. 동방어전은 청궁에 있을 때 인도문印度文을 개설하고 충칭에 옮긴 후 "마래馬來(말레이시아어), 고려高麗 이과二科"[11]를 설치하였다. 이는 1946년 9월에 싱가포르에서 간행된 중국남양학회의 기관지 『남양학보』에 게재된 소식으로 '고려과高麗科'라는 용어를 사용하고 있다. 1946년 9월에 남경에서 간행된 『화교선봉華僑先鋒』도 다음과 같이 소식을 전하고 있다. "어문 분야에서 기존의 인도문, 미얀마어, 섬라어, 베트남어 4종 외에 마래馬來, 조선朝鮮 양과兩科를 증설"[12]하였다. 그러나 1946년 7월에 간행된 『국

9) 우첸황, 「잘 알려지지 않은 역사」, 장민(張敏) 편, 『전기(傳奇)와 인생』, 북경: 대해출판사, 1997, p. 51.

10) 윤은자, 「중국 국립동방어문전문학교와 한국학 교육의 선구들」, 『중국근현대사연구』 70, 2016. 6, p. 125.

11) 「문화소식」, 『남양학보』(싱가포르) 3-1, 1946.9, pp. 88~89.

립동방어문전문학교 개황』에서는 학교 역사를 서술하면서 다음과 같이 적고 있다. "올해 1월 중에 다시 명령을 받들어 한어과韓語科 학생 1개 반을 추가로 모집하였는데, 역시 교원 초빙이 확정되고 나서야 학생을 모집하여 반을 개설한 것이다."[13] 당시 한어과가 다른 학과들처럼 전 해 가을학기에 모집을 하지 못한 이유는 교수를 구하지 못했기 때문이었다. 그러한 사정은 동방어전 한어과 제1회 입학생 양퉁팡[14]과 쉬잉루徐瑛如(당시 한어과대표를 담당함)[15] 등에 의해서도 확인되고 있다. 이 무렵 학교에서는 대한민국임시정부 주화駐華대표단 민필호 단장에게 한국어 교수를 추천해 달라고 부탁하였는데 대표단에서는 김준엽을 지명하였다. 그리하여 김준엽은 1946년 2월 16일부터 첫 강단[16]에 서게 되었으며 중국어로 한국어와 한국 문학, 한국 역사 등을 가르쳤다. 그 후 한어과에서 가르쳤던 한인 강사들로는 박수덕朴樹德(1947. 4~1947. 7 재직), 권태종權泰鍾(1947. 8~1948. 11), 마초군馬超群(1948. 8~ 1949. 7), 이계열李啓烈(1949. 2~1949. 7) 등이 있었다. 이 부분은 윤은자의 연구[17]를 통해 이미 자세히 밝혀졌다.

김준엽은 중국 대학 한국어학과 최초의 전임강사로서 1948년 11월까지 약 3년간 재직하면서 중국 제1세대 한국학 인재들을 양성하였다.

12) 야오난(姚枏), 「동방어전의 사명」, 『화교선봉』, 환도복간 1, 1946. 9, p. 16. 枏(나무이름 단)은 일본용 한자로서 녹나무 남(枏·柟·楠)과 마찬가지로 쓰인다. 김준엽 회고록 『장정』에는 동방어전의 총장이 姚枏으로 되어 있으나 『국립동방어문전문학교 개황』에는 姚楠으로 되어 있다. 녹나무 枏자의 俗字가 바로 楠자이다.

13) 국립동방어문전문학교 편, 『국립동방어문전문학교 개황』, 1946. 7, p. 6.

14) 북경대학 한국학연구센터 편, 『한국학논문집』 제12집(양퉁팡 교수 한국연구 종사 50주년 기념특집), 북경대학출판사, 2004, p. 13.

15) 쉬잉루, 「지난 일 몇 가지」, 장민 편, 앞의 책, p. 346.

16) 김준엽, 『장정 2-나의 광복군시절(하)』, 서울: 나남출판, 2003, p. 305.

17) 윤은자, 앞의 글, p. 139.

1948년 여름 제1회 학생들이 졸업하게 되자 김준엽은 양퉁팡, 쑹징즈宋敬之, 황신밍黃心銘 등 3명을 선발하여 서울대학교 사학과 3학년에 편입시켰다. 동방어전 당시 김준엽의 제자로서 후일 중국에서 한국학 교육과 연구에서 큰 성취를 이룬 이로는 양퉁팡 외에도 웨이쉬성韋旭昇(북경대), 쉬웨이한許維翰(북경대에 있다가 북경어언대로 옮김) 등이 있다. 당시 동방어전의 교과과정은 아래와 같았다.

〈표 1〉 동방어전 교과과정

시기	분류	과목(학점)	출처
1946. 7	필수 및 선수	삼민주의(2) 국문(8) 인도어문(36) 베트남어문(36) 버마어문(36) 태국어문(36) 말레이시어문(36) 한국어문(36) 영문(20) 프랑스문(20) 네덜란드문(20) 일문(20), 중국통사(4) 중국지리(4) 정치학(4) 경제학(4) 사회학(4) 법학통론(4) 국제관계(4) 국제법(6) 사회조사(4) 신문학(4) 교육행정(4) 민족학(4) 음성학(4) 윤리학(4) 교육학(4) 인도개황(2) 남양개황(2) 서인동점사(4) 화교이식사(移殖史)(4) 인도지리(4) 남양지리(6) 동양지리(4) 인도사(6) 베트남사(4) 미얀마사(4) 태국사(4) 말레이시아사(4) 동양사(4) 식민정책(4) 동남아각국정치연구·동남아각국경제연구·동남아각국사회연구 중 택1(4)	①
1947. 9 ~ 1949.7	공동필수	동방어문(34) 제2외국어(26) 중국통사(4) 중국지리(4) 정치학(6) 사회학(4) 민족학(4) 경제학(4) 법학통론(4) 음성학(4) 공민(公民)(2) 체육(12) 국문(4) 인도지리(4) 인도사(6) 남양지리(6) 중남반도사(4) 동양지리(4) 동양사(6) 회교(回教)각국지리(4) 회교사(4) 비교음성(문법)학	②
	교무조(僑務組)	화교문제개론(2) 서인동점사(4) 국제현황(4) 국제관계(2) 중국외교사(4) 화교이식사(4) 각국이민정책(4) 아시아중국정치사(2) 서양외교사(4) 사회조사(2) 교무행정(2) 국제공법(3) 국제사법(3) 테마연구	
	교육조	교육개론(6) 철학개론(4) 교육사(4) 역사산문시사선독(4) 장르별문장연구 및 습작(4) 소학교육(3) 중학교육(3) 교육행정(4) 화교교육(2) 테마연구	
	신문조	신문편집(4) 신문학개론(6) 신문취재(4) 현국제정세(4) 논평작성	

		법(4) 신문문학(4) 신문업관리(4) 사회조사(2) 국제공법(3) 국제사법(3) 테마연구	
	국제무역조	회계학(6) 통계학(6) 화폐은행학(4) 상법(4) 공상관리학(4) 국제무역학(3) 국제환율(3) 아시아각국경제개황(4) 경제지리(4) 테마연구	

출처: ①『국립동방어문전문학교 개황』(1946. 7), pp. 19~23. ②『어전지문(語專之門)』(1947. 8), pp. 15~16.

위 교과과정은 역시 윤은자의 연구 도표[18]를 통해 자세히 밝혀졌다. 이와 같은 통합적 교과과정을 통해 동방어전이 궁극적으로 추구한 목표는 다름 아니라 국제적인 동방대학이었다. 그 참조 좌표는 바로 영국의 런던대학교 아시아아프리카대학SOAS, 프랑스의 파리대학교 동양어문화대학INALCO, 하노이의 프랑스 극동학원EFEO, 네덜란드의 레이던대학 한학원漢學院, 소련의 동방대학, 일본의 동문서원同文書院 등이었다. 아울러 영국의 윈스테트Richard Olaf Winstedt, 네덜란드의 듀벤닥J. J. L. Duyvendak, 프랑스의 샤반Emmanuel-èdouard Chavannes, 페랑Gabriel Ferrand, 펠리오Paul Pelliot, 마스페로Gaston Camille Charles Maspero 등을 모델[19]로 삼고 있다. 따라서 정치, 외교, 경제, 무역, 사회, 교육, 지리, 역사, 언론, 문화 등 다양한 전공과목들을 개설하여 학생들이 2학년부터 교무조, 교육조, 신문조, 국제무역조 중 하나를 부전공으로 선택하도록 규정하였다. 그리고 전공언어뿐만 아니라 제2외국어도 배우도록 하였다. 즉 동방어전의 교과과정은 결코 단순한 외국어 기능 중심의 교육이 아니라 통합적 인재 양성을 목표로 하고 있었다. 제3대 학장을 지낸 야오난姚枏은 동방어전의 사명에 대해 "통역 외교 인재를 양성할 뿐만 아니라 동방 학술의 정수를 선양하여 세계문화에 기여하는 것"이라고 하였다. 아울러 "동방어전의 장래 비전은 중국과 이웃 나라들

18) 윤은자, 앞의 글, p. 132.

19) 야오난, 앞의 글, p. 16. 일본의 동문서원은 상해동아동문서원(上海東亞同文書院)을 가리키는데『국립동방어문전문학교 개황』에서 언급하였다.

과의 우의에만 관계되는 것이 아니라 세계문화의 발전과도 관련된다. 과목이 점차 늘어나고 도서도 점차 충족하여 동방문제 연구토론에 뜻을 둔 각국의 학자들도 함께 모여 절차탁마切磋琢磨함으로써 각 지역의 문화를 하나의 용광로에 녹여서 동방 각 민족 간의 장벽을 해소하고 대동大同의 경지에 이를 수 있게 하기를 바랄뿐"[20]이라고 하였다. 이와 같은 비전을 달성하기 위해 동방어전은 1947년 초부터 전문대가 아닌 종합대학으로 승격하기를 희망하는 청원운동을 적극적으로 개진하였으나 결과적으로 무산되고 말았다. 그러나 동방어전은 1949년에 중국공산당 정부에 의해 종합대학으로 승격하고자 한 꿈을 이루게 되었다.

중국인민해방군이 장강을 건너 국민당정부의 수도 남경을 점령한 것은 1949년 4월 23일이었다. 이 해 봄에 북경대학 동방어문학과장을 맡고 있던 지센린季羨林 교수는 청화대의 옛 동기였다가 중국공산당의 실세로 등장한 후치아오무胡喬木가 중남해에서 보낸 편지를 받게 된다. 편지의 주요 내용은 남경의 동방어전과 중앙대 변강정치계邊疆政治系의 일부 그리고 변강학원邊疆學院을 북경대에 통합시키는 데에 관한 동의 여부를 묻는 것[21]이었는데 지센린 교수는 흔쾌히 동의하였다. 당시 장강도하 작전에 참가했던 동방어전의 교우 장진차오張勁草는 북경을 떠나기 전에 이미 지센린 교수를 만나 관련 사정을 전해 들었고 아울러 그의 부탁으로 남경에 도착하자 바로 장리첸張禮千 학장 서리를 찾아가서 동방어전이 향후 북경대에 통합될 예정이라는 소식과 함께 지센린 교수의 환영 의사를 전했다.[22] 1949년 6월에 화북고등교육위원회의 령이 공식 발부되었고, 여름방학이 지나자 동방어문계는 북경대 문과에서 가장 큰 학과로 부상하였다. 1949년 9월 15일 화북고교회華北

20) 야오난, 앞의 글, p. 16.

21) 지센린, 「후치아오무를 그리며」, 『지센린 전집』 2, 북경: 외국어교육연구출판사, 2009, p. 322.

22) 장진차오, 「전후(戰後)의 전기적 인생」, 장민 편, 앞의 책, pp. 266~267.

高教會 고교밀자高教秘字 1,356호 문건이 공식적으로 북경대학에 하달되었다. 해당 기밀문서에서는 동방어문 및 동방어문 혁명사업 간부를 중점적으로 그리고 대대적으로 발전시키기 위하여 남경 동방어문전문학교를 북경대 동방어문학계에 통합[23]시킨다고 밝혔다. 그리하여 동방어전의 한국어학과는 북경대 조선어학과에 의하여 새롭게 전승되고 발전하게 되었다.

2) 동방어전 한어과의 전승과 발전—북경대학

북경대학은 일찍 1924년에 동방문학계東方文學系를 설치하였는데 사실상 일문전공日文專業[24]밖에 없었으며 저우줘런周作人이 학과장을 담당하였다. 1945년부터 1946년 초에 칭화대의 천인커陳寅恪가 적극 추진하여 북경대학은 후스胡適 총장, 푸스넨傅斯年 총장서리, 탕융퉁湯用彤 문과대 학장의 비준으로 동방어문학계를 설립하기로 결정[25]하였다. 1946년 8월 19일, 국립북경대학 행정회의 제2차회의 결의사항 중 첫 번째가 바로 문과대에 동방어문학계東方語文學系를 설립하기로 하고 교무회의에 올려 추인을 받는 것[26]이었다. 1946년 10월 3일『익세보益世報』에 북경대학에서 올해 동방어문학계를 신설하고 유럽에서 돌아온 지셴린을 초빙하여 학과장을 담당하게 하였다는 기사가 실렸다. 아울러 지셴린의 인터뷰 내용을 전하고 있는데 "동방민족은 복잡하고 예

23) 왕쉐전(王學珍) 등 공편,『북경대학 기사(紀事) 1898~1997』, 북경대학출판사, 2008, p. 490.

24) 중국 대학교에서 학원(學院)은 한국 대학교의 단과대학에 해당하며 원장(院長)은 학장에 해당한다. 계(系)는 학부 혹은 학과에 해당하며 계주임(系主任)은 학부장 혹은 학과장에 해당한다. 전업(專業)은 보다 구체적인 전공학과를 가리키며, 교연실(教研室)은 더욱 세부적인 강좌를 가리킨다.

25) 차이더꿔이(蔡德貴),『지셴린 사진(寫眞)』, 북경: 당대중국출판사, 2006, p. 177.

26) 왕쉐전 등 공편, 앞의 책, p. 388.

로부터 학술 발명이 많은바 탐색하려면 먼저 어문을 반드시 배워야 한다"라고 하였다. 아울러 "유럽 대학 중에 동방어문을 학습하는 학과가 10여 개가 있는데…… 동방어문을 배우는 자는 대부분 철학, 역사나 어문의 연구에 주력한다"고 하였다.[27] <본교 1946학년도 제2기 주요인원 조사표>에 동방어문학과 시센린 학과장의 이름이 등장하며 1946년 8월에 부임한 것[28]으로 나와 있다. 그러나 지센린의 회고록에 의하면 1946년 가을에 북경에 도착하였다. 그는 독일에서 귀국하여 천인커의 추천을 받아 북경대에 부임하게 되었다. 사실 독일 동방학의 전통을 계승한 천인커 등이 중국 대학교에서 동방학을 적극 추진했던 이유는 유럽중심주의를 극복하고 동방학문의 전통과 보편적 가치를 내세우려는 데 있었다. 천인커가 나중에 이야기하다시피 궁극적으로는 "변새邊塞 밖의 야만적이면서도 날래고 사나운 피를 취하여 중원문화의 퇴폐한 몸통에 주입"[29]하기 위함이었다. 1949년 여름방학이 지나자 중화민국 시절의 국립동방어문전문학교, 국립변강전문학교, 국립변강학교 사범전문학교와 중앙대학 변강정치학과의 일부가 북경대 동방어문학과에 통합[30]되었다. 본래 아랍어, 힌디어, 산스크리트어 등 전공밖에 없던 동방어문학과는 11개 전공으로 확대되었고 문과대에서 가장 큰 규모의 학과로 부상하였다. 한어과는 조선어과朝鮮語科[31]

27) 왕쉐전 등 공편, 앞의 책, p. 393.

28) 왕쉐전 등 공편, 앞의 책, p. 405.

29) 천화이위(陳懷宇), 『서방에서 천인커를 발견하다－중국 근대 인문학의 동방학과 서학 배경』, 북경사범대학출판사, 2013, pp. 2~3. 위 인용문의 원문은 다음과 같다. "取塞外野蠻精悍之血, 注入中原文化之頹廢之軀."

30) 북경대 동방어문계 편, 『북경대학 동방어문계 설립 40주년 기념전간(專刊) (1946~1986)』, 1986, p. 2.

31) 중화인민공화국 성립 이후로 중국 교육부의 학과목록에 등재된 공식 명칭은 '조선어'이다. 다만 1992년 한국과의 수교가 이루어진 후에는 비록 '조선어'라고 표기하더라도 자연스럽게 '한국어'로 받아들여졌고 학내외에서도 거의 모두

로 바뀌었으며 1949년부터 제1회 학생들이 공부하기 시작하였다. 1949학번 11명 중에서 9명은 동방어전의 1947학번(웨이쉬성, 쉬웨이한 포함)과 1948학번이고 남은 2명은 직접 북경대에 입학한 학생이었다. 그 중 고등학생 당원 출신으로 나중에 당서기를 오랫동안 지낸 허젠청賀劍城의 회고에 의하면 북경대는 입학하고 나서 전공학과를 선택[32]하였다. 북경대에 통합된 후 조선어과의 교수는 남경에서 북상한 마초군, 이계열이 주로 담당하였다. 1951년 3월 26일, 북경대학 교무위원회는 회의를 열고 조선 김일성종합대학(이하 김대로 약칭) 교수를 초빙하여 조선어를 강의하는 관한 안건 및 김대 학생이 북경대에 와서 공부하는 데 관한 안건을 원칙적으로 통과하였다.[33] 1952년 11월 2일 통계에 의하면 북경대 동방어언학계東方語言學系 조선어 강좌의 초대 강좌장(교연조 주임)은 류렬柳烈이다.[34] 류렬은 한국에서 월북한 국어학자로 알려져 있는데 1952년 가을학기부터 북경대에서 조선어, 문법, 작문, 강의를 담당하였으며 부인 정자애鄭慈愛 여사도 회화 수업을 담당한 적이 있다.[35] 새 중국의 외국어 교육에 공로가 큰 외국인 교수들 중에는 "조선의 류렬"[36]도 포함되어 있다. 류렬 강좌장의 적극적인 추천으로 당시 제1회 웨이쉬성도 졸업하자마자 바로 모교의 교수로 남을 수 있게[37] 되었다. 류렬 부부 외에도 개혁개방 전에 북경대학 조선어학과에서 강의를 담당한 북측 교수로는 김광익金光益, 이나영李羅英, 이영수李英洙, 최완호崔完鎬, 전경옥田京玉, 강덕영康德英 등이 있으며

'한국어학과'로 불리고 있다.

32) 허젠청, 『부침기(浮沈記)』, 북경대학출판사, 2007, p. 42.

33) 왕쉐전 등 공편, 앞의 책, p. 519.

34) 왕쉐전 등 공편, 앞의 책, p. 555.

35) 류렬 부부의 조선어 강의 담당과목은 남경대 한국어문학과의 오옥매 교수가 직접 북경대학 당안관(檔案館)을 방문 조사하여 확보한 문서에 나와 있다.

36) 푸커(付克), 『중국 외국어교육사』, 상해교육출판사, 1986, p. 45.

37) 웨이쉬성, 『웨이쉬성 문집』 제6권, 북경: 중앙편역출판사, 2000, p. 798.

2000년대에 들어서는 김영황金榮晃, 이동빈李棟賓 등이 있다.[38]

1950년대에 중국에서는 정치적인 이유로 말미암아 아시아·아프리카의 여러 나라에 대한 관심이 고조되고 있었다. 1950년에는 6·25전쟁이 발발하여 1953년에 비로소 정전협정이 체결되었다. 1952년 10월에는 아시아 태평양 지역 평화회의가 북경에서 개최되었다. 그리고 1955년 4월 아시아아프리카회의Asian-African Conference/Bandung Conference가 인도네시아 반둥에서 개최되었다. 이와 같은 국내외적 분위기에 힘입어 북경대 동방어문학과도 역시 새로운 비전을 갖게 되었다. 그런데 1952년에 중국 대학들은 유례없는 구조조정을 거치게 되었는데 요지는 바로 구소련의 대학교육 체제를 그대로 받아들이는 것이었다. 1952년 8월 25일, <신新 북경대학 계, 전공, 전수과 설치 상황표>[39]에 의하면 단과대학은 모두 사라지고 학과만 남게 되었다. 본래 문과대학에 속했던 동방어문학과는 중문, 역사, 철학 등 정통 학과들을 떠나서 동방언어학과로 독립되었고 언어중심의 지향성을 한층 두드러지게 나타냈다.

중국 최초의 한국어학과를 개설한 동방어전을 직접적으로 승계한 북경대 조선어학과는 그 전통을 더욱 선양하여 지금까지 중국의 한국학 인재양성을 위해 탁월한 기여를 해왔다. 특히 정치외교 분야의 인재 양성에 있어 독보적인 위치를 차지하고 있는바 조선, 한국 주재 외교관들 중에 북경대 출신들이 가장 많은데 1954학번 장정연張庭延은 초대 주한중국대사(1992~1998)를 지냈다. 북경대 조선어학과의 건설과 발전에 있어 김일성종합대학뿐만 아니라 연변대학의 전폭적인 지지와 협력도 매우 큰 기여를 하였다. 개혁개방 전에 연변대 출신으로 북경대 교수를 지낸 이는 다음과 같다.

38) 김대 교수들의 명단은 북경대 홈페이지 http://sfl.pku.edu.cn/olc/show.php?id=5467 참조. 하지만 일부 연도는 재확인이 필요한 까닭에 인용하지 않았다.

39) 왕쉐전 등 공편, 앞의 책, pp. 547~548.

〈표 2〉 북경대 조선어학과에 부임한 연변대 출신 교수들

순서	성명	내용
1	박충록	연변대 조선어문과 제2기 입학, 1953년 7월 졸업 후 북경대 조선어학과 교수로 배치됨. 조선어, 조선문학 강의.
2	이귀배	연변대 조선어문과 제2기 입학, 1953년 7월 졸업 후 북경대 조선어학과 교수로 배치됨. 조선어, 조선어문법 강의.
3	조복순	연변대 조선어문과 제2기 입학, 1953년 7월 졸업 후 북경대 조선어학과 교수로 배치됨.
4	윤신숙	연변대 조선어문과 제2기 입학, 1953년 7월 졸업 후 북경대 조선어학과 교수로 배치됨.
5	안병호	1956년에 연변대 조선어문과 졸업, 1961년 김일성종합대학 언어학 준박사학위 취득. 당해 귀국후 북경대에 부임하여 조선어, 조선어발달사 등 강의. 1982년부터 1983년까지 김대에서 박사논문 집필, 1984년 박사학위 취득.
6	최응구	1961년에 연변대 조문학부 졸업, 김일성종합대학에 유학. 1964년에 준박사학위 취득. 귀국 후 북경대에 부임하여 조선어, 조선어문체론 등 강의.
7	이선한	1975년에 연변대 조문학부 졸업 후 북경대 조선어 교수 담당.

그리고 1951년도에 북경대 마초군 부교수가 연변대에 와서 조선어학과 학생들을 1년 동안 연변대 조문학부에 교육실습을 보내기로 협상하였다. 그리하여 1951년 9월부터 북경대 학생들은 연변대에 와서 1년 체류하면서 수업도 듣고 조선족 농촌에 가서 어학 실습도 진행하였다. 1952년도에 11명, 1953년도에 7명, 1954년도에 20명, 1955년도에 26명, 1956년도에 13명, 1957년도에 11명으로 총 88명[40]에 달하였다.

---

40) 현룡순, 『겨레의 넋을 지켜－연변대학 조문학부가 걸어온 45성상』, 연길: 연변대학출판사, 1997, p. 80. 이 책의 94~97쪽에는 당시 북경대 학생들을 융숭하게 맞이하고 여러모로 배려한 풍경이 드러나 있다. 당시 전교 인원이 극장에 모여서 북경대 학생들을 위한 환영모임도 가졌는데 임민호 부총장이 아래 요지의 연설을 하였다. 즉 "중국 역사에서 전문적으로 조선어를 배우려는 사람은 적었으며 대학에 조선어과를 설치한 예도 없었다는 것, 오늘 북경대학에서 온 실습생들은 우리나라에서 처음으로 조선말을 배우는 한족 학생들이라는 것"을 강조

북경대학 조선어학과는 본래 외국어대학School of Foreign Languages 동방언어학과에 소속된 하나의 전공이었다가 2009년 3월에 조선(한국)언어문화학과Korean Languages & Culture로 승격하여 독립하였다. 현재 북경대 홈페이지에 나와 있는 조선(한국)언어문화학과의 교과과정(2014년 수정판)에서 전공필수 과목은 다음과 같다.

〈표 3〉 북경대학 조선(한국)언어문화학과 교과과정

과목번호	과목명	주당 시수	학점	개설학기
03531401	기초한국(조선)어 (1)	10	8	제1학기
03531402	기초한국(조선)어 (2)	10	8	제2학기
03531403	기초한국(조선)어 (3)	10	8	제3학기
03531404	기초한국(조선)어 (4)	10	8	제4학기
03531801	한국(조선)어 듣기말하기 (1)	4	2	제1학기
03531802	한국(조선)어 듣기말하기 (2)	4	2	제2학기
03531803	한국(조선)어 듣기말하기 (3)	4	2	제3학기
03531804	한국(조선)어 듣기말하기 (4)	4	2	제4학기
03531811	고급한국(조선)어 (1)	8	5	제5학기
03531812	고급한국(조선)어 (2)	8	5	제6학기
03531813	고급한국(조선)어 (3)	4	2	제7학기
03531814	고급한국(조선)어 (4)	4	2	제8학기
03531670	한국(조선)문화	2	2	제3학기
03531569	한중번역*	4	3	제6학기
03531589	중한번역*	4	3	제7학기
03531520	한(조선)반도 개황*	2	2	제1학기
	전공필수: 56학점 (*표시과목은 교양필수과목으로 전공필수학점에 포함되지 않음)			

하였으며 그들이 조선어를 잘 배우도록 최선을 다해 도와줄 것을 당부하였다. 그리고 538쪽에 북경대반 학생들의 명단이 자세하게 나와있다.

동방어전의 한국어 필수과목은 36학점이었는데 북경대의 전공필수 과목은 56점으로 무려 20점이 늘어났다. 전공필수 과목 외에 실용문 작성, 뉴스 읽기, 문학사, 문학작품 읽기, 고급회화, 문법, 경제, 민속, 철학, 언어학 개론, 통역, 역사 등 전공선택 과목도 있다. 또한 북경대는 별도로 <외국어와 외국역사전공>(조선어방향)을 개설하였는데 이는 차이위안페이蔡元培대학, 외국어대학 그리고 사학과가 연합하여 새로운 복합전공을 만든 것이다. 그 목적은 바로 관련 학과에 더욱 수준 높은 대학원생 인재를 공급하기 위해서인데 만약 조선(한국)어문화학과와 사학과에서 규정한 수업을 모두 수강하고 사학 논문을 제출하면 학생의 수요에 따라 문학 혹은 역사학 학사학위를 받을 수 있도록 하였다. 이와 같은 조치는 아주 훌륭한 개혁으로 평가된다. 향후에도 북경대 조선(한국)어문화학과는 중국 동방학의 한 부분으로서의 한국학 연구 발전에서 지속적인 기여를 해나갈 것으로 기대된다.

3. 민족학의 구심점으로서의 한국학 교육

1) 중국에서 한국학 교육의 본산—연변대학

민족학으로서의 한국학 교육은 고유한 민족문화의 계승과 창출, 인류의 공생과 문화의 다원화를 이루기 위한 목적에서 이루어졌다. 1945년 9월 말, 중공중앙동북국은 이미 동북의 조선민족 문제에 대해 중시하기 시작하여 다음과 같은 언급을 하고 있다. "동북과 연변의 조선주민들은 다른 소수민족에 비해 높은 수준의 농업 노동 능력과 재능을 지녔고, 비교적 높은 문화수준을 널리 지녔으며, 조직성이 있고 정치사상도 비교적 진보적입니다. 특히 조선민족이 해방된 천재일우의

유리한 정치적 환경은 동북과 연변의 조선 인민들에게 영향을 주었고 그들의 민족자존심을 강화시키고 있는바 대大한족주의에 절대 동화될 수 없는 것입니다."[41] 사실 조선족의 교육열은 일제강점기에도 아주 높았는바 1930년대의 적령기 아동의 취학률은 약 80%에 달하였다고 한다. 1948년에 이르면 향鄕마다 중학교가 있고 마을村마다 초등학교가 있을 정도였다. 1948년 통계에 의하면 연변의 중학교 숫자는 26개로서 길림성 전체의 63.4%를 차지하고 학생 수는 57.1%를 차지하였다.[42] 그리고 고등학교 과정은 2개가 있었는데 매년 400명을 배출하였다. 그러나 이렇게 많은 학생들이 졸업 후에는 진학할 대학이 마땅치 않았다. 대부분 연변 학생들은 줄곧 한글로 교육을 받아왔기에 중국어 구사능력이 별로 능숙하지 못했다. 때문에 일부는 대학 진학을 위해 조선으로 갔고, 외지에 있는 중국 대학에 입학 가능한 숫자도 매우 제한되었다. 동북민정국의 1949년 3월 통계에 의하면 동북 3성의 조선족 중학교는 70여 개 소였고, 학생은 16,700명이었다.[43]

연변대학은 1949년 3월 20일에 첫 개학식을 가졌고 공식적인 개교 기념일은 4월 1일이다. 1948년 3월부터 논의를 거쳐서 중공 연변지위 부서기 임춘추林春秋 등의 적극적인 노력으로 조선족 간부를 양성하기 위한 '동북조선인민대학'을 설립하는 데 관한 보고서를 12월에 중공 길림성위원회에 올렸다. 1949년 3월 종합대학은 소재 도시의 이름으로 명명하는 관례에 따라 '연길대학'으로 변경하였다. 그러나 의대와

41) 저우바오중(周保中), 「연변조선민족문제」, 연변조선족자치주 당안관, 『중공연변길돈지위(中共延邊吉敦地委) 연변전서(延邊專署) 중요문건휘편(重要文件彙編)』(1945년 11월~1949년 1월) 제1집, 1985, p. 327(손춘일, 『중국조선족이민사』, 북경: 중화서국, 2009, p. 724에서 재인용).

42) 박태수 편, 『연변대학 사범(師範)교육사』, 연길: 연변교육출판사, 2010, p. 3.

43) 동북민정국 편, 『3년래 조선민족사업자료』, 1949.3(김춘선 등 공저, 『중국조선족통사』 하권, 연길: 연변인민출판사, 2010, p. 130에서 재인용).

농대를 연길이 아닌 용정시에 둘 예정이었기에 최종적으로 '연변대학'이라고 확정하였다. 중화인민공화국이 건국을 선포하기도 전에 설립된 연변대학은 중국에서 조선-한국의 언어, 문학, 역사, 철학 등 제 분야에 걸쳐 가장 폭넓은 교육을 제공하였으며 연구에서도 많은 업적을 이루어냈다.

그러나 대학 설립 초창기에는 교수 부족과 도서자료의 결핍으로 고생을 많이 겪었다. 특히 문학부에 소속된 조선어문과는 일제 시대의 민족말살정책에 의하여 조선어를 없애버린 탓으로 한글로 된 대학교재를 구하기가 힘들었다. 1949년 7월에 임민호林民鎬 부총장 등이 조선에 나가서 김일성종합대학, 평양사범대학 등을 참관할 적에 조선어문 참고서들을 얼마간 얻어온 것이 밑천[44]이 되었다. 그리고 1951년 4월, 조선의 차광일이 연변대에 와서 한 학기 동안 <언어학개론> 수업을 담당하였다. 1953년 9월에는 김일성종합대학의 김수경이 와서 조선어 관련 학술보고를 하였다. 1957년 김일성종합대학과 평양사범대학에 재직하던 정열모가 연변대에 와서 반 년 체류하면서 조선어학사(고대부분), 조선어역사문법 등을 강의하였고 공동 연구도 진행하였다.

문화대혁명 전에 연변대 조선어문학부 교수진 중에서 대학원 과정을 나온 이로는 다음과 같다. 1)정판룡. 1952년 10월 제1회 졸업생, 1954년 8월부터 1960년 3월까지 소련 모스크바대학에서 소련문학 전공, 부박사학위 취득. 2)천광익. 제1회 졸업생, 1956년 6월부터 1962년까지 소련 레닌그라드종합대학에서 문학이론 전공, 부박사학위 취득. 3)권철. 제1회 졸업생, 동북사범대 연구반 졸업. 4)림휘. 제1회 졸업생, 동북사범대 연구반 졸업. 5)김영덕. 1956년 7월 제4회 졸업생, 북경사범대 연구생 졸업. 그리고 문화대혁명을 전후하여 약 12년 동안 중국 대학에서는 대학원 과정이 중단되고 말았다. 개혁개방 이후 중국 대학

---

44) 현룡순, 앞의 책, p. 3.

에서 한국학 교육연구로 최초의 박사지도교수 자격을 취득한 이는 바로 연변대학의 정판룡 교수이다. 1986년에 정판룡 교수는 중국 국무원으로부터 박사학위 수여권한을 부여받았다. 1987년에 김병민, 김관웅, 이암 등이 제1기로 연변대 박사학위 과정에 입학하였고, 1990년 6월에 김병민이 최초로 박사학위를 취득하였다.

연변대 조선어문과는 학과 설립 초창기부터 어학, 문학, 역사, 철학 등을 모두 반영한 교수계획을 작성하여 실시해 왔다. 학생 모집은 동북 3성의 조선족들을 대상으로 하였으며, 모든 강의는 조선어로 진행하였다.

〈표 4〉 연변대학 조선어문학과 초창기 교수계획[45]

순서	구분	내용
1	교과과정	1950년 2월에 작성한 교수계획에 의해 다음과 같이 과목을 설치함. 전공과목: 현대조선어, 훈민정음원문해석, 고한문, 문학원론, 문장강화, 조선문학강독, 중국문학, 조선문학, 세계문학, 시론, 소설론, 연극론. 공동과목: 한어, 조선역사, 사회발전사, 철학, 정치경제학, 교육학, 심리학, 논리학.
2	교재사용	문학원론은 소련의 대학교과서 번역본을 차용. 조선어, 조선문학, 문선(文選) 등은 조선의 대학교과서를 사용. 세계문학사, 중국문학사, 역대(歷代)문선 등은 구 대학교과서를 참고. *학생들에게 교과서를 공급하지 못했기에 강의내용을 필기하여 학습.

연변대는 1972년 중앙과학교육조科教組와 길림성교육청의 의견에 따라 조선어전공朝鮮語言專業을 증설하였는데 한족 학생들을 모집하여 향후 외교 번역 일꾼으로 양성하기 위해서였다. 1972년 여름부터 제1기 학생 96명을 모집하였고 3기를 모집하다가 중단되었다.[46] 이 시기

45) 현룡순, 앞의 책, p. 435. 해당 페이지의 내용을 참조하여 필자가 도표를 작성함.
46) 박찬규, 앞의 책, p. 59.

조선어전공 학생 중에서 가장 유명한 인물이 바로 제1회 입학생 장더장張德江으로서 현재 중공중앙정치국 상임위원으로 있다.

연변대는 조선어문과뿐만 아니라 사학과, 철학과를 비롯하여 문과대와 사범대의 여러 학과들에서도 한국학 교육과 연구를 폭넓고도 깊이 있게 진행하여 왔다. 특히 사학과는 1949년 설립 당시부터 조선(한국)사 교육을 실시해 왔으며 1979년부터 석사학위과정, 1993년부터 박사학위과정을 운영하였다. 특히 사학과의 김성호 교수는 1998년 8월에 인하대학교 사학과에서 박사학위를 취득하고 귀국하여 왕성한 활동을 펼쳤다. 한중 수교 이후 중국 내 한국어학과들이 급격히 늘어남에 따라 연변대 조선어문과나 사학과 출신들은 북경, 천진, 산동 등 지역뿐만 아니라 현재는 화동, 화남, 화중, 서북, 서남 지역에까지 골고루 진출하게 되었다. 초보적인 통계에 의하면 현재 중국 한국어학과 교수진의 약 70%가 연변대 출신이라고 한다.

2005년에 연변대는 조선-한국학원(단과대학)을 설립하여 조선어문학과와 조선어학과 그리고 신문학과를 통합하였다. 그리하여 현재 중국 내 한국학 교육기관 중에서 가장 큰 규모를 갖추었는바 학부생은 약 800명 정도로 집계되고 있으며 47명의 교수진을 구성하고 있다. 이처럼 민족학으로서의 조선(한국)어문학과와 외국학으로서의 조선(한국)어학과의 통합으로 말미암아 그동안 이원화되었던 한국학 교육의 일원화를 도모하여 더욱 큰 시너지 효과를 도모할 수 있게 되었다. 중국의 조선한국학 분야에 대한 연변대의 기여에 대해서 지센린 교수도 매우 긍정적으로 평가하고 있는바 "조선(한국)학 연구에서는 중국이 건국된 후 연변대학이 단연 리더적인 역할을 하여 연구를 많이 하였으며 지난 40년 동안 빛나는 성과를 거두었다"[47]고 하였다.

---

47) 지센린, 「『조선학－한국학과 중국학』 서문」, 『지센린전집』 제6권, 북경: 외국어교육연구출판사, 2009, p. 272. 여기에서 "지난 40년 동안"이란 글을 쓴 시점으

2) 소수민족 간부와 번역 인재 양성—중앙민족대학

중앙민족대학의 전신은 1941년 9월 옌안延安에 설립된 민족학원으로 소수민족 간부와 민족 사업에 종사할 한족 간부를 양성하기 위한 학교였다. 1950년 북경에 새로운 중앙민족학원을 설립하였고, 1993년에 중앙민족대학으로 변경하였다. 중앙민족대학은 1972년에 한조번역전업漢朝翻譯專業이 설립되었다가 1995년에 이르러 조선언어문학계朝鮮語言文學系로 승격되었다. 그러나 조선어를 가르친 역사는 더 오래 전인 1950년대로 거슬러 올라간다. 민족대 한어문학과에 입학한 조선족 학생들에게 조선어를 가르치기 위해 연변대학에서 교수를 초빙하였던 것이다.

연변대 조문학부에 재직 중이던 서영섭은 바로 중앙민족대 최초의 조선족 교수가 되었다. 당시 중앙민족대에는 조선어학부가 없었고 소수민족어학부만 있었는데 한어를 배우는 조선족학급이 여러 개 있었다. 그 조선족 학생들에게 현대조선어를 처음으로 개강하여야 했다. 서영섭의 연보에 의하면 1953년 9월 연변대 조선언어문학과에 입학하여 1957년 7월에 졸업하였다. 1957년 8월부터 1960년 1월까지 모교에서 재직하다가 1960년 2월부터 1963년 10월까지 중앙민족학원 한어문학과 교수로 재직하였다가 다시 연변으로 돌아왔다. 그러나 이 4년간 중앙민족대에 조선어문학과 설치의 기초를 닦아놓았으며 나중에 조선어문학부를 내올 수 있는 토대를 닦아놓았다.[48] 문화대혁명이 끝난 후 다시 중앙민족대로 옮겨 1978년 12월부터 1997년 3월까지 조선언어문학과 강사, 부교수, 교수를 지낸다.[49] 서영섭의 강의과목은 현대

로부터 추산된 숫자이다.

48) 서영섭, 『서영섭 서한집』, 북경: 민족출판사, 2002, pp. 276~277.

49) 서영섭, 위의 책, p. 263.

조선어, 고대조선어, 조선어발달사, 조선어역사문법, 고대조선문강독, 조선어학사, 조선어기초, 실용조선어, 민속학 등이다. 서영섭 외에도 그의 동창생인 김도권과 박경식 부부가 1973년 8월에 중앙민족대로 전근[50]해 갔다. 연변대 1958년 졸업생 김영화, 1961년도 졸업생 김은자, 1953년도 졸업생 최기천, 1990년 박사학위수여자 이암 등도 모두 중앙민족대에서 재직하였다.

중앙민족대 조선어문학과는 현재 매년 70명의 학생을 모집하고 있으며 전공은 조선(한국)언어문학과 중한경제무역번역 두 개로 나뉘어 있다. 어문학과 교과목은 현대조선(한국)어, 고대조선(한국)어, 한조漢朝언어대조, 조선(한국)어문체학, 문학개론, 고전문학사, 현대문학사, 중국조선족문학사, 조선(한국)역사, 조선(한국)문화사 등으로 구성되어 있다. 경제무역 번역전공은 현대한어, 한국어 문법, 중한 언어대조, 경제무역 번역, 실용문 작성, 한국경제개황, 국제무역 실무 등 대부분 실용성이 강한 과목들을 많이 가르치고 있다. 중앙민족대는 조선어문학과뿐만 아니라 역사, 철학, 교육학, 민족학 등 여러 학과에서도 조선족 교수들에 의해 산발적으로 한국학 교육이 이루어지고 있다. 그리고 1992년에 조선(한국)학연구소를 설립하여 조선과 한국의 언어, 문학, 역사, 철학, 종교, 민족학, 교육, 예술 등 제 분야에 걸쳐 광범한 연구를 진행하고 있다. 그리고 중앙민족대는 2004년부터 외국어대학 산하에 한국어학과를 신설하여 교육을 진행하고 있다.

중앙민족대 졸업생들은 국가민족사무위원회, 민족출판사, 신문사, 국제방송국 등 여러 부서와 기관에 많이 진출하였다. 중앙민족대 출신으로 현재 타 대학에서 한국학 교육에 종사하는 대표적 인물로는 김경선 교수(1979학번)가 있는데 필자가 확인한 바에 의하면 중국 대륙인으로서는 최초로 한국 대학에서 한국학 관련 박사학위를 취득한 경

---

50) 박경식, 『그리움의 시공을 넘어』, 북경: 민족출판사, 2005, p. 415.

우에 속한다. 즉 수교 이듬해인 1993년 3월 학기에 바로 유학을 가서 1996년 2월 부산대학교에서 문학박사학위를 받고 1996년 6월부터 북경외국어대학에서 재직 중에 있다. 그리고 대외경제무역대 서영빈 교수(1979학번)와 최옥산 교수(1988학번), 북경제2외국어대 김영옥 교수(1983학번), 산동대 박은숙 교수(1988학번) 등을 들 수 있다.

4. 아시아 지역학의 한 부분으로서의 한국학 교육

1) 중한관계와 어문학 중심의 한국학 교육—산동대학

오랜 냉전시대를 거쳐 개혁개방 후 한국이 아시아 국가로서 중국인들의 관심을 집중시킨 가장 중요한 계기는 바로 '아시아 네 마리 용'으로 대변되는 경제발전과 위상 때문이었다. 1980년대에는 중국 CCTV의 메인 뉴스에도 한국 관련 소식이 보도되었는데 단골 메뉴는 바로 김영삼, 김대중 등의 민주화 투쟁운동 그리고 한국 대학생들의 항거와 데모 장면이었다. 그러다가 1988년 서울올림픽대회를 통해 한국의 발전상을 직접 눈으로 확인한 중국 언론들은 앞 다투어 한국 관련 기사들을 쏟아내기 시작했다. 한국은 곧바로 선망의 대상과 학습의 목표로 부상하였으며 아시아 지역학의 한 부분으로서 한국학에 대한 교육과 연구가 붐을 이루었다. 이는 세계화의 풍랑 속에서 아시아 지역의 활성화와 공동번영을 목표로 하며 지역문화의 특수성과 생명력을 발견하고 발전시켜 나가기 위한 것이었다.

한국어학과의 경우, 1992년 중·한 수교 이전까지만 해도 6개밖에 없었다. 앞에서 거론한 북경대, 연변대, 중앙민족대 외에도 대외경제무역대학(1952), 해방군외국어대학(1953), 북경제2외국어대학(1972) 등이 조선(한국)어 학과를 개설하였다. 그러나 중·한 수교를 전후하여 산동대학(1992), 북경외국어대학(1992), 길림대학(1993), 상해외국어대학(1994), 복단대학(1995) 등 주요 대학들은 모두 조선(한국)어학과를 전격 설립하게 되었다. 우후죽순처럼 생겨나다가 1997년 외환위기로 말미암아 잠시 소강상태에 접어들었던 조선(한국)어학과는 2000년대에 이르러 다시 한 차례 설립 고조를 일으키게 된다. 과거에는 주로 한반도와 지리적으로 가까운 동북 3성, 산동반도 및 북경 지역에 조선(한국)어학과가 집중되어 있었다면 2000년 이후에는 동부 연해 지역을 중심으로 남부, 중부, 서북, 서남 지역으로까지 확장되어 가는 추세를 보여주고 있다. 이는 한국 기업들의 중국 진출 경로와도 상당부분 맞물려 있기도 하며, 또한 중국을 비롯한 아시아 지역을 강타한 한류 열기와도 관련이 있는 것이다. 광동외국어무역대학(2003), 남경사범대학(2003), 광서사범대학(2005), 남경대학(2006), 소주대학(2007), 화중사범대학(2009), 서북정법대학(2013) 등은 바로 2000년 이후에 설립된 대표적인 경우이다. 2008년 중국 교육부의 통계에 의하면 전국의 한국어학과는 무려 244개에 달하였다. 그러다가 2015년에 이르면 중국교육부에 정식 등록된 조선어(한국어)과가 설립된 대학은 모두 218개이고 그중에 4년제 대학들은 110개, 그 외에 2년제, 3년제 전문대학에는 약 108개가 있다[51]고 한다. 현재 한국어학과의 숫자는 중국 대학의 외국어 관련 학과 중에서 영어, 일본어에 이어 세 번째로 큰 규모를 자랑하고 있다. 그런데 짧은 기간에 수많은 한국어학과가 난립하다보니 여러 가지 문제점들도 많이 발생하였다. 특히 양국 경제무역 교류의 급격한 확대에 따른 사회적 수요를 충족시키기 위하여 많은 한국어학과들은 실용적인 언어 습득과 교류 소통에 중점을 둔 교육에 치중해

51) 쉬잉잉(徐迎迎), 「한·중 수교 이후 중국의 한국학 교육·연구 동향」, 경상대학교 박사학위논문, 2015, p. 16.

왔던 것 같다.

한반도와 거리가 매우 가까운 산동대학은 1992년에 제남濟南캠퍼스에 외국어대학 산하 조선(한국)어학과를 개설하였다. 현재 전임교수 8명이 재직하고 있으며 산동대 홈페이지에서 확인한 기초과목은 다음과 같다.

〈표 5〉 산동대학 조선(한국)어학과 교과과정(2014년)

구분	과목명	총 시수	학점	개설학기
학과기초 공동과목	조선(한국)사회문화	64	4	1학년 가을학기/ 2학년 봄학기
	중한문화교류사	64	4	1학년 봄학기/ 2학년 가을학기
전공 기초과목	종합한국어 (1-2)	256	14	1학년 가을학기/ 1학년 봄학기
	종합한국어 (3-4)	224	14	2학년 가을학기/2학년 봄학기
	고급한국어 (1-2)	192	12	3학년 가을학기/ 3학년 봄학기
	한국어 말하기 (1-4)	256	8	1학년/ 2학년 매 학기
	한국어 쓰기 (1-2)	64	4	2학년 가을학기/ 2학년 봄학기
	중한 번역	64	4	2학년 봄학기/ 3학년 가을학기
	중한 통역	32	2	4학년 가을학기
	한국어 테마 읽기 (1-2)	64	2	3학년 가을학기/ 3학년 봄학기
	공동과목 8학점+전공기초과목 60학점=계 68학점			

이밖에 지정 선택과목으로는 한국어 듣기, 조선(한국)문학사, 중한 미디어번역, 한국어실용문법, 학술논문작법 등이 있다. 그리고 자유 선택과목은 언어, 문화, 번역 세 부분으로 나누어 개설하고 있다. 이처럼 교과목 구성이 아주 다양하고도 풍부한 특성을 보여준다.

산동대학은 또 2003년에는 위해威海캠퍼스에 한국학원(단과대)을 별도로 설치하여 규모에서 연변대 조선(한국)학원에 버금가고 있다. 현재 한국학원의 교수진은 27명이 재직하고 있으며 학부과정 재학생은 450명에 달한다. 학부과정의 주요 교과목으로는 초급한국어, 중급한국어, 고급한국어, 한국어 회화, 한국어 읽기, 중한/한중 번역, 중한/

한중 통역, 한국어 실용문 작성, 한국문학사, 한국개황, 한국학개론, 한국역사문화, 중한관계사 등이다. 2014년 12월에는 중한관계연구센터를 설립하여 여러 가지 활동을 적극적으로 펼치고 있다. 2016년 4월에는 화동사범대학 종신교수인 선즈화沈志華 교수와 협약을 체결하고 국가사회과학기금 특별위탁프로젝트인 <중국 주변국가의 대화對華관계 당안檔案 수집 및 역사연구>에 참여하여 한반도 관련 부분을 담당하기로 하였다. 이와 같은 교류협력은 매우 훌륭한 사례라고 할 수 있다.

2) 국제관계와 언어, 역사 중심의 한국학 교육 — 복단대학

복단대학 조선(한국)어학과는 1995년에 설립되었는데 대한민국임시정부가 광복 전에 상해에 소재하고 있었던 연유가 크다고 한다. 설립 당시 연변대로부터 강은국, 강보유, 김종태 등 세 교수를 초빙해 갔다. 복단대도 북경대와 마찬가지로 소수정예의 학생들을 모집하여 가르치고 있으며 최근에 수정한 교과과정은 다음과 같다.

〈표 6〉 복단대학 조선(한국)어학과 교과과정(2015년)

전공교육과정 (84학점)						
	1. 전공필수과정(68학점)					
	과목명	과목번호	학점	주당시수	개설학기	비고
1	기초한국어(상)	FORE130315	10	10	1	
2	한국어 듣기말하기I(상)	FORE130116	2	4	2	
3	기초한국어(하)	FORE130316	10	10	2	
4	중급한국어(상)	FORE130112	8	8	3	
5	한국어 듣기말하기I(하)	FORE130117	2	4	3	
6	중급한국어(하)	FORE130113	8	8	4	
7	한국어 듣기말하기II(상)	FORE130118	2	4	4	
8	한국어 듣기말하기II(하)	FORE130119	2	4	5	

9	한국어 쓰기	FORE130446	2	2	5	
10	고급한국어(상)	FORE130447	6	6	5	
11	고급한국어(하)	FORE130115	6	6	6	
12	번역이론과 기교(상)	FORE130125	2	2	6	
13	번역이론과 기교(하)	FORE130126	2	2	7	
14	실습조사	FORE130028	2		6	
15	졸업논문	FORE130029	4		8	

복단대 조선(한국)어학과는 초창기부터 언어학에 매우 강세를 보여 왔다. 강은국, 강보유, 김종태 등 세 교수의 전공은 언어학이며 모두 박사학위 지도교수 자격을 가졌다. 필수과목 외에 선택과목에도 한국어 어휘학, 한국수사학, 한국어통론 언어학 과목들이 개설되어 있다.

그밖에 사학과, 국제관계대학 등에서도 한국학 교육이 이루어지고 있다. 연변대 김성호 교수와 같은 시기인 1998년 8월, 한국 고려대에서 사학을 전공하여 박사학위를 받은 쑨커즈孫科志(고려대) 교수가 재직하면서 한국 근현대사를 가르치고 있다. 국제관계대학에는 스위안화石源華 교수가 일찍 정치외교와 중한 관계에 대한 교육과 연구에 종사하면서 조선(한국)연구센터를 이끌어 왔었다. 현재 센터 주임을 맡고 있는 쩡지융鄭繼永은 낙양외대 조선(한국)어학과 출신으로서 정치 전공이며, 부주임 싱리쥐邢麗菊는 산동대 조선(한국)어학과 출신으로 철학 전공이다. 이처럼 복단대는 한국학 교육과 연구 여건에 있어 상당히 훌륭하다고 할 수 있는데 통합적인 시너지 효과가 더욱 많이 기대된다.

5. 동아시아 지식 생산의 다원화 플랫폼 구축을 위한 한국학 교육-남경대학

남경대학의 한국학 교육은 초창기에 사학과와 중문과를 중심으로 이루어져 왔다. 1997년에 사학과 교수들을 중심으로 한국연구소(차이사오칭 소장, 류잉성 부소장)가 설립되었다. 연구소 설립에는 일찍 1948년 9월 남경대의 전신인 국립중앙대학교 사학과 대학원에 입학하였던 김준엽 선생의 공로가 매우 컸다. 한국연구소는 국제교류재단의 지원으로 2007년 3월부터 2008년 12월에 윤은자 교수를 초빙하여 한중교류사, 한국사 강의를 개설하였다. 중문과에서도 장백위 교수를 중심으로 한국의 한문고전에 대한 강의와 연구가 활발하게 이루어져 왔다.

남경대는 뒤늦게 2006년에 이르러서야 외국어대학 소속으로 조선(한국)언어문학 전공을 개설하였고, 2011년에는 학과로 승격하였다. 2008년 조선(한국)언어문학과는 중문과, 사학과의 교수진을 연합하여 한국학중앙연구원의 해외한국학 중핵대학 사업에 지원하여 선정되었다. 아울러 이를 계기로 2010년 3월에는 전교의 한국학 연구역량을 통합하여 한국학연구센터를 설립하였다. 현재 2013년에 제2차로 선정된 해외한국학 중핵대학 사업을 계속 진행 중에 있다.

남경대학 조선(한국)어문학과는 역사가 짧기 때문에 설립 초기부터 이상과 열망으로 빈 도화지에 그림을 그려 나갈 수 있는 장점을 최대한 활용하였다. 우선 설립 당시부터 중국 대학 조선(한국)어학과로서는 최초로 100% 박사학위 소지자들로 교수진을 구성하여 짧은 몇 년 사이에 전임 7명을 확보하였다. 그리고 중국 대학 조선(한국)어학과의 교과과정, 영어영문과의 교과과정 그리고 런던대학 SOAS 등 12개 외국 대학의 교과과정을 두루 참조하여 전공필수과목을 아래와 같이 확정하였다.

〈표 7〉 남경대학 조선(한국)언어문학과 교과과정(2013년)

구분	과목번호	과목명	학점	개설학기	비고
전공필수	101180	외국언어문화 통론	4	2, 3학기	
	107010	기초 조선(한국)어	8+8	1, 2학기	
	107030	중급 조선(한국)어	8+8	3, 4학기	
	107110	조선(한국) 국정개황	2	2학기	
	107120	조선(한국)통사	2	4학기	
	107080	조선(한국)문학사	2+2	4, 5학기	
	10070180	조선(한국)언어학 통론	2	5학기	
졸업논문	100000	논문 작성	6	7, 8학기	

위에서 보다시피 어학기능 과목비중을 50%로 최소화하고 언어학, 문학, 역사 등 과목들을 필수에 포함시켰다. 선택과목도 <중한교류사>, <근대중한사상교류>, <한국전통문화>, <당대중한문화교류> 등 역사문화 수업을 대폭 강화하였으며 매년 중국 강남지역의 한국역사문화 유적지를 답사하고 있다. 향후에도 지속적으로 문·사·철 관련 전공수업들을 늘려 '인문한국학' 교육을 널리 확대시켜 나가기 위한 노력을 지속적으로 경주해 나갈 예정이다.

그리고 한국학의 저변 확대를 위해 중국 대학 최초로 한국 정치, 외교, 경제, 경영, 사회, 문화 등과 관련된 고려대 화상강의 영강수업(E-School)을 도입하여 전교 교양과목으로 개설하였다. 고려대에서 국제교류재단의 지원을 받아 2011년 9월부터 시작하였는데 처음에는 일반 교양과목으로 되었다가 2016년 9월부터 교양필수학점으로 인정받을 수 있게 만들었다. 그리하여 한국어를 모르는 중국 학생들도 한국에 대해 더욱 다양하고도 깊이 있는 지식을 접할 수 있는 소중한 기회를 제공하였고 그만큼 한국학 후속세대 양성에 있어 저변을 확대할 수 있었다. 지난 몇 년간 개설 화상강의 영강수업은 아래와 같다.

> 1) Korean Economic Policies, 2) Korean Business and Management in the Asian Context, 3) Contemporary Korean Society, 4) Understanding Korean Culture, 5) Historical Sociology: Korea & Empires, 6) East Asian Politics, 7) Government and Civil Society: The Case of Korea, 8) International Relations of East Asia, 9) Mass Media and Popular Culture in Korea

이와 같은 노력들을 통해 남경대는 경제발전의 논리와 국제관계의 역학에 좌우되던 아시아 지역학의 한 부분으로서의 한국학 교육에 대한 개혁을 선도해 왔다. 특히 중국의 주류 학계에 융합되기 위한 효과적인 방편으로서 동아시아 담론의 효용성을 적극 실천하고 있다. 남경대는 향후에도 동아시아 지식 생산의 다원화 플랫폼을 구축하기 위한 한국학 교육을 지속적으로 추진함으로써 연구중심 학과로 발전해 나갈 것이다. 남경대의 '인문한국학' 교육은 궁극적으로 "동아시아인의 구체적 삶의 세계에 밀착해 삶의 문제에 도움을 주고 현실 모순을 비판하며 그 대안을 제시하는 주체적이고 실천적인 학문소통의 장을 만들어 가기"[52] 위해 끊임없이 노력하고 있다.

52) 백영서, 「인문한국학이 나아가야 할 길: 이념과 제도」, 『한국학연구』 17, 인하대학교 한국학연구소, 2007. 12.

6. 중국에서 한국학 교육의 향후 전망

1946년에 시작된 중국의 한국학 교육은 70년의 역사를 가지고 있으며 여러 면에서 모두 상당한 성과를 이룩하였다. 무엇보다 한국어학과의 양적인 성장이 짧은 기간에 아주 놀라울 정도로 이루어져서 외국어 관련 학과 중에서 제3위를 차지하고 있다. 이제 우리가 가장 고민하고 아울러 실행해야 할 것은 바로 어떻게 양적인 축적에서 질적인 변화로 도약할 것인가 하는 문제이다. 이 문제와 관련하여 개인적인 견해를 아래와 같이 제시하고자 한다.

첫째, 중국 대학의 한국어학과들은 현재 보편적으로 존재하는 가장 큰 문제점인 실용중심주의적 어학기능 교육을 점차 지양해 나가야 할 것이다. 대부분 한국어학과의 학부 교과과정은 한국어 읽기, 듣기, 말하기, 번역 등 과목이 약 80~100%까지 차지하고 있는 상황이며 문학, 역사, 철학 등 과목을 개설하고 있는 대학은 매우 적은 상황이다. 이와 같은 기형적인 현상을 더 이상 방치할 수는 없으며 학부과정부터 반드시 과감한 커리큘럼 개혁을 시작해서 한국어학과 학생들로 하여금 한국의 정치, 역사, 문화, 사상, 철학 등 제 분야에 걸쳐 폭넓고도 심층적인 인식과 이해를 갖도록 선도해야 할 것이다. 한국학의 후속세대를 제대로 양성하려면 가장 먼저 한국어학과들의 변신부터 이루어져야 지속적인 성장발전을 도모할 수 있다. 따라서 학부과정은 반드시 학생들이 다양한 한국 관련 지식을 접할 수 있도록 다원화된 통합 플랫폼을 제공해야만 더욱 우수한 학생들의 관심을 끌 수 있고 나아가서 우수한 차세대 연구인력 양성에도 기여할 수 있다.

둘째, 중국 대학의 한국학 연구자들을 보면 지금까지는 주요하게 한국어 능력의 유무에 따라 두 부류로 이원화되어 있다. 한 부류는 한국어를 매우 능숙하게 구사하면서 주요하게 한글로 공부하고 가르치고 연구하는 연구자들로서 주요하게 각 대학마다 한국어학과에 포진하고 있다. 이들은 중국 내 한국학 연구자들 중에서 90% 이상을 차지한다고 해도 과언이 아니다. 그런데 이들의 가장 큰 장점인 탁월한 언어능력은 '양날의 칼'과도 같아서 다른 한편으로는 오히려 편협한 어학기능위주의 훈련 및 관련 교육방법에 대한 실용적인 탐구에만 안주하도록 만들었다. 다른 한 부류는 한국어학과가 아니라 중문, 역사, 철학, 국제관계 등 관련 학과에 재직하면서 한국학 관련 연구를 진행하고 있는 연구자들이다. 이들 중에서 약 90% 이상은 한국어를 거의 구사할 수도 없고 원전 해독은 더더욱 불가능하기 때문에 주요하게 영어, 한문 자료들을 활용하고 있으며 심지어 한국 내 주요 일간지들의 중국어판 홈페이지 기사들을 인용해 논문을 쓰는 경우마저 많이 발생하고 있는 실정이다. 두 부류 연구자들 간의 교류는 가끔씩 이루어지고는 있지만 실질적이고도 생산적인 연동 효과는 극히 미미한 편이다. 따라서 향후에는 한국어학과의 경계부터 허물어 나가면서 한국어 능력을 기초로 갖춤과 동시에 종합 지식으로 무장된 학생들이 어문학뿐만 아니라 정치, 외교, 역사, 철학, 사회, 문화 등 다른 분야의 대학원 과정에 진학하도록 함으로써 이원화되었던 한국학 연구를 상호 유기적으로 소통하고 협력하는 체제로 적극 바꾸어 나가야 할 것이다.

셋째, 한류의 도식적이고도 감성적인 이미지에 갇혀 있는, 한국과 한국문화에 대한 호불호의 이분법적인 논리가 혐한 내지 반한 기류로 흐르고 있는 점을 주목해야 한다. 1990년대 중반부터 드라마, 영화, 대중가요, 인터넷소설 등을 중심으로 선풍적인 인기를 끌어왔던 한류는 물론 합한족哈韓族이라는 신조어까지 만들어 내면서 중국 내에서 한국을 널리 알리는 데 많은 기여를 한 것은 긍정적이다. 하지만 도식적이고도 감성적인 한류의 유행은 다른 한편으로 한국문화에 대한 오해와 편견에 일조하는 역기능도 갖고 있음을 결코 간과해서는 안 된다. 한류의 대중적인 수용은 상당부분 즉흥적이면서도 유행을 급급히 쫓아가는 경향을 갖고 있기 때문에 무작정 좋아하거나 혹은 무턱대고 싫어하는 이분법으로 표출되고 있으며, 특별히 그 중 후자는 나아가서 혐한 내지 반한으로 직결되고 있는 것이다. 일반적인 한류 마니아들은 물론 상당수의 한국어학과 학생들조차 어학기능중심의 교육으로 말미암아 한국에 대한 객관적이고도 종합적이며 이성적인 인식이 결여되어 있기 때문에 진정한 지한파가 되기는커녕 오히려 바람 앞의 갈대와도 같이 올바른 구심점을 형성하지 못하고 있을 뿐만 아니라 양국간의 오해와 갈등을 해소하는 데 적극적인 역할을 제대로 하지 못하고 있다. 지금이야말로 기존 한류에 편승하려는 더 이상의 과도한 환상과 기대를 접고 오히려 '인문한국학' 교육의 보급강화를 통해 지성적으로 한류를 완전히 업그레이드 내지 이노베이션을 해나가야 할 때이다.

넷째, 동일한 한자문화권에 속하는 한·중·일 세 나라는 21세기에 진입한 이래 유의식적이든 무의식적이든 간에 민족주의 정서에 기반을 두고 있는 여러 가지 불편함을 유달리 많이 겪고 있다. 이와 같은 불편함을 자세히 들여다보면 늘 역사문화적인 논쟁에서부터 시작되어 마침내 정치외교의 불편한 관계로까지 이어지는 패턴이 반복되는 것을 발견할 수 있다. 또한 경제무역 관계는 매우 밀접하면서도 오히려 정치, 외교, 역사, 문화 등 면에서는 서로 갈등과 모순을 많이 노출하는 패러독스를 보여주고 있다. 그 원인은 물론 여러 가지가 있겠지만 궁극적으로는 한·중·일 3국이 각자 나름대로 서구적인 근대화를 모델로 GDP의 고속 발전을 추구하는 과정에서 자국의 이익 추구를 극대화하는 한편 동아시아문명의 전통적인 세계관과 가치관은 오히려 점점 더 많이 상실해 온 것과도 관련이 있다. 또한 근대화 발전과정에서 불가피하게 온갖 실용적인 학문들이 득세하면서 순수학문의 입지는 날로 위축되기에 이르렀다. 하지만 21세기 동북아 평화번영의 시대를 진정 열어 나가기 위해서는 동아시아 문명의 동질성 확인과 공감대 회복이 무엇보다 우선시 되어야 할 것이다. 이를 위해서는 반드시 문·사·철 제 분야를 아우를 수 있는 폭넓고도 깊이 있는 인문학 교육이 각국 대학에서 제대로 이루어져야 한다. 풍부한 인문학적 소양과 거시적인 동아시아 시각을 한·중·일 3국의 젊은 세대가 확보해야만 여러 가지 현실적인 문제들에 대한 공통적인 인식이 가능하고 아울러 실질적인 문제 해결에도 도움이 될 것이기 때문이다.

이상에서 언급한 바와 같이 현재 중국의 한국어학과들은 우선 먼저 실용어학기능 편향성을 바로잡아 나가는 것이 가장 절실하게 필요하다고 사료된다. 아울러 단일 학과의 경계를 점차 허물어 어문학, 역사, 문화, 사상, 철학 등 제 분야를 아우르는 '인문한국학' 교육을 심도 있게 추진해 나감으로써 ① 차세대 한국학 인재양성의 새로운 패러다임을 형성하고, ② 중국 내 최고 학자들 및 주류 학계와 쌍방향 교류소통을 적극 강화해 나감으로써 한국학의 위상을 드높이며, ③ 풍부한 인문학적 소양과 거시적인 동아시아 시각을 바탕으로 민족주의를 지양하면서 지성적인 한류 분위기를 조성해 나감으로써 평화와 번영의 21세기 동아시아 공동체 형성을 위한 전략적 사고에 기여해 나가는 것이 바람직하다고 본다.

참고문헌

가오샤오팡(高曉芳), 『청말(晩淸) 양무학당의 외국어교육 연구』, 북경: 상무인서관, 2007.

국립동방어문전문학교 편, 『국립동방어문전문학교 개황』, 1946.

김준엽, 『장정 2—나의 광복군시절(하)』, 서울: 나남출판, 2003.

김춘선 등 공저, 『중국조선족통사』 하권, 연길: 연변인민출판사, 2010.

류잉성(劉迎勝), 『화언(華言)과 번음(蕃音)』, 상해고적출판사, 2013.

박경식, 『그리움의 시공을 넘어』, 북경: 민족출판사, 2005.

박찬규 편, 『연변대학 대사기(大事記) 1948.10~1988.12』, 연변대학출판사, 1988.

박태수 편, 『연변대학 사범(師範)교육사』, 연변교육출판사, 2010.

북경대학 동방어문계 편, 『북경대학 동방어문계 설립 40주년 기념전간(專刊) (1946~1986)』, 1986.

북경대학 한국학연구센터 편, 『한국학논문집』 제12집, 북경대학출판사, 2004.

푸커(付克) 저, 『중국 외국어교육사』, 상해: 상해교육출판사, 1986.

손춘일, 『중국조선족이민사』, 북경: 중화서국, 2009.

서영섭, 『서영섭 서한집』, 북경: 민족출판사, 2002.

쉬잉잉(徐迎迎), 「한·중 수교 이후 중국의 한국학 교육·연구 동향」, 경상대학교 박사학위논문, 2015.

왕쉐전(王學珍) 등 공편, 『북경대학기사(紀事) 1898~1997』, 북경대학출판사, 2008.

웨이쉬성(韋旭昇) 저, 『웨이쉬성 문집』 제6권, 북경: 중앙편역출판사, 2000.

장민(張敏) 편, 『전기(傳奇)와 인생』, 북경: 타이하이(台海)출판사, 1997.

정판룡, 『정판룡 문집』, 연길: 연변대학출판사, 1992.

정판룡, 『고향 떠나 50년』, 북경: 민족출판사, 2000.

지셴린(季羨林), 『지셴린 전집』 제2권, 북경: 외국어교육연구출판사, 2009.

지셴린, 『지셴린전집』 제6권, 북경: 외국어교육연구출판사, 2009.

차이더꿔이(蔡德貴), 『지셴린 사진(寫眞)』, 북경: 당대중국출판사, 2006.

천화이위(陳懷宇), 『서방에서 천인커를 발견하다—중국 근대 인문학의 동방학과 서학 배경』, 북경사범대학출판사, 2013.
허젠청(賀劍城), 『부침기(浮沈記)』, 북경대학출판사, 2007.
현룡순, 『겨레의 넋을 지켜—연변대학 조문학부가 걸어온 45성상』, 연길: 연변대학출판사, 1997.

'귀환 식민자' 연구로 본 한국학 연구의 현황과 과제

이규수*

1. '식민자' 기억의 굴절과 왜곡

> "당신의 고향은…"이라고 물으면 나는 "한국입니다"라고 대답한다. 그 중에는 이상한 표정으로 나의 얼굴을 바라보는 사람도 있지만, 개의치 않기로 마음먹었다. 그만큼 소년기 한국의 기억은 내 마음 속에 뜨겁게 달궈져 있다. 그 중에서도 벌교의 기억은 초등학교 고학년 시절을 보냈던 만큼 기억의 저금통 속에 지금도 남아있다. 개구쟁이로 조금 뒤틀린 소년이었지만 다정하게 가르쳐주신 선생님, 잘 놀아주던 동급생 여러 분의 얼굴이 문득문득 떠오른다. 짧은 시간이었지만 벌교는 나의 고향이다.

위 인용문은 1989년 구舊 벌교귀환자 모임인 전국벌교회가 간행한 『추억의 문집, 벌교思い出文集, 筏橋』에 수록된 엔도 히사유키遠藤久之라는 사람의 식민지 기억의 편린이다.[1] 식민지 조선에서 태어난 엔도는

* 히토쓰바시대학 한국학연구센터

1) 遠藤久之, 「わたしの故郷」, 『思い出文集, 筏橋』, 全國筏橋會, 1989, p. 26. 벌교회는 식민지기에 벌교에 거주했던 재조일본인의 친목단체이다. 1977년 히로시마에서 '구 벌교 재주자 전국 제1회 대회'를 개최한 이후, 격년으로 지역을 순회하면서 비정기적인 모임을 지속하고 있다. 1989년 현재 7회에 걸친 친목모임이 개최되었고, 회원은 274명·232세대이다(「筏橋會の設立·經過と向後」, 위의 책, pp. 120~126).

벌교에서 1년 반 동안 초등학교 시절을 보내고 일본 중학교로 진학을 위해 귀환한 뒤, 패전 후에는 주고쿠 신문사中國新聞社 기자로 활약한 재조일본인 2세다. 그의 회상에 따르면 '개구쟁이' 시절의 벌교는 '기억의 저금통'에 고스란히 남아 있을 정도로 선명한 모습으로 형상화되어 있다. 고향을 한국이라고 말하는 데 주저하지 않을 정도로 강렬한, 말하자면 식민지 조선을 순진하게 그리워하는 기억이다.

인식은 넓게는 인식 과정의 결과인 인간 지식의 총체를, 좁게는 일정 범위의 대상에 대한 지식을 의미한다. 그러나 인식은 단지 진위를 가리는 지식의 영역에 머무는 것만 아니라, 인간 무의식의 영역에도 깊이 개입되어 있다. 푸코M. Foucault는 '에피스테메episteme'라는 개념을 통해 지식이 인간의 무의식 영역에 개입되어 있으며, 한 시대의 인식론적 틀과 인식은 윤리적 태도, 종교적 신념, 지식의 총화로서의 사회적 태도와 관련된다고 말한다. 따라서 상호 인식의 토대는 경험, 기억, 지식의 복잡한 다층적 관계성이라고 할 수 있다.[2)]

한국과 일본의 체험과 기억, 상호 인식을 고찰하는 방식에는 크게 사회·심리적 접근 방법과 역사적 접근 방법이 있다. 사회·심리적 접근

2) 푸코는 특정한 시대를 지배하는 인식의 무의식적 체계, 혹은 특정 방식으로 사물에 질서를 부여하는 무의식적인 기초를 에피스테메라 부른다. 푸코는 에피스테메 개념을 사용해 르네상스, 고전 시대, 근대, 현대를 분석한다. 에피스테메는 한 시대에 한 담론의 형성을 가능하게 해준 조건들의 집합 또는 어떤 시대 변환에서 한 담론의 변환을 가능하게 해준 조건들의 집합을 말하며, 그에 의하면 르네상스 시대는 '유사성'의 에피스테메로, 고전주의 시대는 '표상'의 에피스테메로, 근대는 '실체'(표상으로 환원되지 않는 독립적 실체)의 에피스테메로 요약된다.(이에 대해서는 미셸 푸코·이정우 옮김, 『담론의 질서』, 새길, 1993 ; 이진경, 『철학과 굴뚝청소부』, 그린비, 2002 참조.) 따라서 한 민족에 대한 이미지는 개인의 체험이 공통의 체험으로 기억되는 방식과 깊게 관련되어 있다. 개인의 경험이 역사적 지식에 의해 집단 체험으로 기억되고, 다양한 개인의 체험이 소거되거나 변형됨으로써, 하나의 정형화된 집단 기억이 만들어진다. 이는 역사적으로 오랜 기간 형성된 것이며 각종 교육을 통해 직·간접적으로 전승된다.

방법은 가해자·피해자 관계의 복합성에 대한 심층 심리적 분석을 통해 갈등 관계의 해소 가능성을 규명한다. 이 방식은 갈등 관계의 일반론적인 특성을 상대화하는 데 도움을 준다. 실제 한일 간 역사적 체험과 기억, 인식 문제는 근대 이후의 가해자 의식과 피해자 의식의 격차에서 비롯된다. 그러나 이것만으로는 한일 관계를 이해하는 데 불충분하다. 한일 간 역사적 체험과 기억의 문제에는 현상 분석만으로 설명되지 않는 사회·문화적 요인이 잠재하고 있기 때문이다. 특히 근대 한일 관계는 '제국'과 '식민지'라는 부조리한 상황이 연출되었고, '지배'와 '피지배'라는 비대칭적 관계는 끊임없이, 그리고 새롭게 재생산되었다. 한일 관계의 재정립을 위해 역사적 체험과 기억의 차이점을 다양한 측면에서 고찰하지 않으면 안 되는 이유가 바로 여기에 있다.

일본은 조선을 식민지로 지배한 제국이었다. 제국 신민으로서 일본인은 제국의 탄생·유지·확장 국면에서 조선에 대한 고정된 이미지와 부조리한 의식을 형성했다. 패전 이후 일본으로 귀환한 해외 거주 일본인은 전체적으로 660여 만 명 정도이고, 그 중 조선에 체류했던 사람은 약 100만 명으로 추정된다.[3] 패전 후 70여 년의 시간이 흘렀고 세대도 몇 번이나 교체되었으니 '흘러가버린 과거사'를 다시 문제 삼는 일은 의미가 없다고 강변하는 역사 수정주의자도 많다. 그러나 역사학의 본령인 '기억을 둘러싼 투쟁'만큼 현재적인 화두는 없다. 제국과 식민지의 구체적 현실을 몸소 체험한 당사자들은 역사의 뒤안길에 묻혔지만, 그들의 활동·기록·기억을 통해 형성되고 전승된 인식은 끊임없이 재생산되고 있기 때문이다.[4]

3) 재조일본인의 연도별, 출신지별, 산업별, 지역별 인구의 변화양상과 특징에 대해서는 이규수, 「재조일본인의 추이와 존재형태-수량적 검토를 중심으로-」, 『역사교육』 125, 2013 참조.

4) 임지현은 기억의 문제를 역사학의 중심 논제로 부각시키면서 "특정한 기억을 전유한 역사는 사람들의 삶과 욕망, 실천과 사유를 특정한 방향으로 유도하는 기

문제는 '기억을 둘러싼 투쟁'이 단순히 지난 역사의 부채로 인한 후손들의 민족적 책임 윤리에 그치지 않고, 공통의 역사 인식과 평화 체제 구축 등 한·일 양국의 미래와도 직결되는 사안이라는 점이다. 패전과 함께 일본으로 돌아간 일본인들은 해외 경영 과정과 일상 체험의 회상을 통해 식민지 조선을 '식민자'의 입장에서 형상화했다. 그 기억은 단지 과거 '추억'으로 남은 것은 아니었다. 일본 정부가 부추기거나 특히 관료와 지식인 집단이 편찬한 식민지의 기억은 식민 지배를 정당화하는 근거가 되었다. 정부, 관료, 지식인들이 만들어 낸 식민지의 체험은 조선에서 귀환한 일본인의 기억을 집단화시키고, 그 기억은 현실이 되어 일본의 조선에 대한 굴절된 이미지를 형성하는 데 결정적 역할을 했다. 식민지에서의 생활 경험을 지닌 당사자는 대부분 역사 속으로 사라졌지만, 이들이 생산한 기록에 남아있는 기억은 지금도 조선에 대한 굴절된 인식으로 재생산되고 있다.[5]

특히 만주나 북한 지역에서 귀환한 일본인들은 귀환 과정에서 강제 노동, 폭력, 약탈에 시달렸고, 이 과정에서 이들은 일본 내부에서 '전쟁의 피해자'로 인식되었다.[6] 귀환 과정에서 사망하는 사람도 많았

억의 정치학이다"고 주장했다. 임지현, 「전유된 기억의 복원을 위하여」, 『기억과 역사의 투쟁』, 삼인, 2002, pp. 3~4.

5) 전후 일본사회의 귀환자에 대한 따가운 시선과 식민지에 대한 향수, 자기합리화의 감정은 새로운 제국의식으로 형태를 바꾸어 표출되었다. 그것은 단순히 자기합리화의 감정을 넘어 신생 한국에 대한 차별적인 고정관념의 고착화라는 '기억'의 역전으로 나타난다. 귀환자들은 식민지 체험에 대해 천황제 이데올로기로 상징되는 '사악한 국가권력'으로부터 외지로 밀려난 '선량한 서민'이라는 허울좋은 도식으로 굴절시킨 심층의식을 형성했다. 러일전쟁 직후 조선에 진출하여 각지에 대농장 경영에 착수한 후지이 간타로(藤井寛太郎)의 딸 이노하라 도시코(猪原とし子)의 '자기합리화'의 재생산 논리에 대해서는 이규수, 「식민지 체험자의 기억 속의 '제국'과 '식민지'-不二會를 중심으로」, 『역사와 경계』 79, 2011을 참조.

6) 패전 당시 한반도에 거주한 일본인은 북한에 약 50만 명, 남한에 약 27만 명,

다. 1945년 겨울의 혹한으로 인한 아사자의 급증은 귀환의 고통스러운 측면을 말해 준다. 더구나 귀환 이후 경제적 빈궁으로 일본 사회 내부의 '민폐 집단'으로 인식되면서 '식민자'는 오히려 '선량한' 제국주의의 피해자, 전쟁의 피해자가 되는 역逆현상이 나타났다. '외지인'으로서 식민 지배자의 기억은 사라지고 피해자로서의 기억만이 전후 일본 사회에 만연했다.

패전 후 일본 정부는 식민지 지배를 의식적으로 미화하는 동시에 전쟁 피해자로서의 면모를 부각하는 작업에 착수했다. 과거사에 대한 자성과 반성의 태도는 찾아보기 어려웠다. 히로시마와 나가사키로 상징되는 피폭 체험과 미군정의 통치라는 사회적, 정치적 상황도 의식의 착시 현상을 부추겼다. 일본 정부도 국민에게 의도적인 망각을 강요했다. 이 과정에서 1947년 『일본인의 해외 활동에 관한 역사적 조사』가 편찬되었다.[7] '해외 활동'이라는 미명 아래 근대 일본의 대외 침략과 식민 지배는 역사적으로 정당화되었다. 이는 이후에도 가해자로서의 체험과 기억을 지우는 데 활용되었다.

1960년대 한일 회담 전후, 식민지 관료 집단이 주축이 된 우방협회가 조직되었다. 그들은 식민 통치의 불법성에 대항하려는 기록들을 자체적으로 양산했다. 현재까지 우방협회의 간행물은 관료집단이 만든

이밖에도 만주로부터의 피난민 약 12만 명이었다. 특히 북한에 거주하던 일본인에게 1945년 8월 9일의 소련 참전은 악몽의 시작이었다. 일본인들은 곧 안전지대를 찾아 피난길에 올랐지만, 기차를 탈 수 있었던 것은 군인과 경찰관 가족 등 극히 일부에 불과했다. 북한에서는 일본인 송환이 계획적으로 이루어지지 않아 많은 사람들이 수용소 등지에서 겨울을 보낼 수밖에 없었다. 겨울을 넘기지 못하고 객사한 사람도 적지 않았다. 사망자는 만주로부터의 피난민을 포함해 1946년 봄까지 함흥 6,261명, 평양 6,025명, 흥남 3,042명, 진남포 1,500명, 부평 1,486명, 원산 1,303명 등 약 25,000명에 달했다. 引揚體驗集編集委員會編, 『死の三十八度線』, 國書刊行會, 1981, p. 337·394.

7) 大蔵省管理局編, 『日本人の海外活動に関する歴史的調査』, 大蔵省管理局, 1947.

집단적 기억으로서는 가장 많다. 이 자료에서 식민지에 대한 '반성과 후회의 회상'은 찾아보기 힘들다. 관료로서의 자신의 행위를 정당화하고 선량한 지배자로서의 모습만 강조할 뿐이다. 굴절된 체험의 기록은 진실을 은폐하고 식민 지배의 정당성을 강조하는 도구로 활용되었다. 지금까지 일본 정부나 우파 지식인들이 주장하듯이, 식민 지배가 조선 사회에 '시혜'를 베풀거나 사회적 경제적 '발달'을 가져왔다는 논리적 근거는 대부분 이런 자료에 근거한다. 이 자료에 대한 객관적 비판은 그들이 만들어 낸 식민지 조선의 역사상을 재구성하기 위해서 반드시 해명해야 할 영역이다.[8)]

왜곡된 식민자의 체험은 기록에만 머물지 않았다. 일본 정부는 특별법을 제정하여 이들에게 '인양자 급부금'을 지급함으로써 귀환자들을 '전쟁 피해자'로 공인했다. 조선으로부터의 강제연행자를 비롯한 식민 통치의 유산은 처음부터 안중에 없었다. 그들은 '외국인'으로 간주되어 어떠한 법적 보장을 받지 못했다. 또 일본 정부는 '재외재산조사위원회'를 만들고, 귀환 일본인들은 단체를 조직해 식민지에 두고 온 재산에 대한 보상을 요구했다. 이들이 만들어 낸 자료는 한일 협상 과정에서 일본 정부가 일본인의 재산 청구권을 요구하는 근거가 되었다.

이처럼 귀환 일본인들의 '기억과 회상'은 단순한 추억이 아니라 현실이었다. 나아가 이것은 일본인들의 식민지 조선의 기억만으로 끝나

---

8) 예를 들어 일본 소재 가쿠슈인대학(學習院大學) 동양문화연구소(東洋文化硏究所)는 식민지 관계자의 녹음기록을 문자화하여 『미공개자료 조선총독부 관계자 녹음기록』을 간행했다. 동 연구소에 소장되어 있는 '우방협회(友邦協會)·중앙일한협회문고(中央日韓協會文庫)'에는 옛 조선총독부 정무총감과 경무국장 및 식산국장 등 식민지 통치정책을 실제로 담당한 고위관료의 개인소장 자료나 메모가 다수 포함되어 있다. 식민지 조선을 경험한 일본인의 기억을 다룬 논고로는 이규수, 「조선총독부 치안관계자의 한국인식-미공개 녹음기록의 분석」, 『동학연구』 18, 2005 ; 황호덕, 「회고와 증언, 심문되는 기억의 정치학-우방문고 녹음기록, 특히 <十五年戰爭下의 朝鮮統治>를 실마리로 하여」, 『한국사연구』 145, 2009 등을 참조.

지 않고 동아시아 전체를 바라보는 눈이기도 했다. 따라서 조선을 비롯해 중국, 만주, 대만, 사할린, 남양 등지로부터 귀환한 뒤, 식민과 전쟁의 '피해자'가 되어 버린 그들의 기억을 '식민자'의 기억으로 '재再' 구성하는 작업은 매우 중대하다. 특히 '피식민자'였던 조선의 입장에서 제국 일본이 형상화한 지배 논리와 '이미지'를 해체하고 객관적으로 복원해야 하는 작업은 역사학계가 반드시 수행해야 할 과제이다. 현재 일본 보수 세력의 동아시아에 대한 논리의 뿌리도 여기에 근거하기 때문이다. 과거사에 대한 공정한 역사 인식이 결여된다면 공생의 미래를 수립해 가기는 어렵다. 피해자로 왜곡된 '식민자'의 기억에 대한 비판적 성찰이 요청된다.

2. 제국과 식민지의 접점으로서의 '귀환자'

귀환 일본인들의 식민지 체험은 정부 주도의 문헌만이 아니라, 많은 수기와 회고록 형태로 간행되었다. 귀환자들의 식민지 기억은 전쟁의 비참함과 고향으로의 귀환 과정의 어려움, 현지 생활의 '고달픈' 추억 등 다양한 방식으로 형상화되었다. 그 과정에서 식민지 귀환자의 전쟁 기억은 패전과 점령에 의해 왜곡된 형태로 변형되었고, 식민지에 대한 기억은 피해자 의식에 입각한 반전反戰 사상과 결합되어 일본인의 고난 체험이라는 자장 속으로 흡수되었다. 기억의 내용은 '침략'과 '식민'의 이미지와 대립되는 '고난'과 '향수'의 이미지로 뒤바뀌었다. 또한 원폭 신화를 정점으로 한 수동적 '평화 국가'의 구호 아래 피해 의식이 부상하고 식민지 지배의 가해 의식은 괄호 속에 봉인되는 '기억의 분리'가 일어났다.

귀환자의 착종된 인식에 대한 비판적 연구는 1970년대에 들어 가지무라 히데키梶村秀樹의 문제제기로부터 본격적으로 연구되기 시작했다. 가지무라는 근대 일본 서민의 생활사에서 조선을 비롯한 식민지 생활사는 연구자가 피해 왔던 영역이라며, 재조일본인의 존재 양태, 그들의 의식과 행동에 선구적으로 주목했다. 그는 재조일본인을 '침략의 첨병'으로 규정하고, 전후 일본인들이 그들의 굴절되고 착종된 심층 의식을 무자각적으로 계승했다는 점을 비판했다. 가지무라의 연구는 재조일본인에 관한 최초의 연구 성과로 이후의 연구에 기본적인 인식 틀을 제공했다.9)

가지무라의 연구를 계승한 기무라 겐지木村健二는 제국주의사 연구에서 이민사 연구와 거류민 연구를 접목시켰는데, 일본인의 해외 이주 과정과 일본 국내의 '근대화'와의 관련을 개항기 재조일본인들의 동향에 초점을 맞추어 분석했다. 특히 기무라는 재조일본인에 대한 여러 논문에서 재조일본인의 존재를 국제 인구 이동 현상으로 파악하려는 사회학적 접근을 시도했다. 즉 일본의 근대화 과정에서 해외로 진출한 일본인들 특히 청일, 러일 전쟁을 계기로 활발하게 조선에 진출한 재조일본인들의 사회 경제적 배경, 거류민단, 상업회의소, 재조일본인 저널리즘의 활동을 면밀하게 분석했다.10)

9) 가지무라는 "일본 서민의 근대 100년 생활사에서 조선을 비롯한 식민지 생활사 연구는 연구자가 회피해 온 영역이다. 최근 재일조선인의 고난의 역사에 어느 정도 관심이 생겨났다. 그러한 인식은 오늘날 일본인에게 매우 중요하다. 재조일본인사는 바로 이 문제와 표리 관계에 있다. 식민지에서 일본 서민이 얼마나 어이없는 행동을 벌여왔는가에 대한 반성 없이 안이하게 조선인의 처지를 동정하는 일은 수박겉핥기로 끝날 위험이 있다"고 지적했다. 梶村秀樹, 「植民地と日本人」, 『梶村秀樹著作集 第1卷 朝鮮史と日本人』, 明石書店, 1992, p. 193.

10) 木村健二, 「近代日朝'關係'下の在朝日本人－朝鮮實業協會の組織と活動を中心に」, 『朝鮮史硏究會論文集』 23, 1986 ; 木村健二, 『在朝日本人の社会史』, 未来社, 1989; 木村健二, 「在外居留民の社會活動」, 『近代日本と植民地』 5, 岩波書店, 1993; 木村健二, 「朝鮮居留地における日本人の生活態様」, 『一橋論叢』 115-2, 1996; 木村健二, 「在朝鮮日本人植民者の『サクセス·ストーリー』」, 『歴史評論』 625, 2002;

재조일본인을 '침략의 첨병'으로 규정한 가지무라의 문제의식은 다카사키 쇼지高崎宗司에게도 계승되었다. 다카사키는 식민지 지배가 일부 정치가나 군인만이 아니라 일본 서민의 '풀뿌리 침략', '풀뿌리 식민지 지배'에 의해서 지탱되었다고 규정하면서, 부산 개항부터 패전에 의한 귀환까지 재조일본인의 역사를 개괄적으로 서술했다. 그리고 식민지를 회상하는 일본인 유형을 크게 세 가지로 구분했다. 즉, '제1유형'은 식민지에서의 자신의 행동이 훌륭한 것이었다고 말하는 부류, '제2유형'은 식민지 조선을 순진하게 그리워하는 부류, 그리고 '제3유형'은 식민지 지배 민족으로서 자기 자신을 비판하는 부류다.[11] 식민지 지배체제의 총체적 규명이나 현대 일본과 일본인의 정체성을 연속적으로 파악하면서, 식민자인 일본 서민의 역사적 체험과 제국을 기억하는 의식 구조 해명의 중요성을 강조한 것이다.

이런 선구적인 문제 제기와 실증 연구를 바탕으로 재조일본인 연구는 이후 한국 역사학계를 중심으로 활발하게 이루어졌다. 일본의 식민 지배가 어떤 매커니즘 속에서 조선 사회를 재편시켜갔는가에 대해 실증적이고 구체적으로 연구하는 데, 재조일본인의 존재 양태 규명이 긴요했기 때문이다. 일본인의 조선 이주 과정을 둘러싼 실증 연구를 비롯해 특정 직업의 재조일본인, 예를 들어 동척 이민자, 일본어 교사, 식민지 관료, 군인, 경찰관, 식민지 언론계 등에 관한 다양한 시각의 논문과 저서가 발표되었다.[12]

최근에는 각 개항장을 중심으로 한 지역 범주에서의 재조일본인에

木村健二, 「在朝日本人史研究の現狀と課題 - 在朝日本人實業家の傳記から讀み取り得るもの」, 『日本學』 35, 東國大學校 日本學硏究所, 2012.

11) 高崎宗司, 『植民地朝鮮の日本人(岩波新書790)』, 岩波書店, 2002. 번역본은 다카사키 소지 지음·이규수 옮김, 『식민지 조선의 일본인들』, 역사비평사, 2006.

12) 이에 대해서는 이규수, 「재조일본인 연구와 식민지수탈론」, 『日本歷史硏究』 33, 2011; 이형식, 「재조일본인 연구의 현황과 과제」, 『일본학』 37, 2013 등을 참조

대한 연구도 이루어졌다. 사회경제사 분야, 특히 조선에 진출한 기업에 대한 연구는 농업, 수산업, 금융, 상업 등 다양한 분야에서 진행되었다. 재조일본인 사업가에 대한 연구도 부분적으로 나왔다. 더불어 재조일본인 사회에 대한 연구는 교육사, 여성사, 언론사의 분야로도 확대되었다. 그동안 거의 활용되지 않았던 재조일본인이 발간한 잡지, 신문과 그 발행자에 대한 연구도 활기를 띠었다.[13)]

또 하나 주목해야 할 연구는 귀환, 식민지 인식, 재조일본인 2세 등의 분야다. 일본의 패전으로 한반도에서 귀환한 사람은 100만여 명에 달했다. 패전에 따른 일본 식민자의 귀환은 지역에 따라 순탄하지 않았다. 일본인의 귀환을 둘러싼 조선총독부와 미·소 군정의 송환 정책, 이에 대한 조선인 사회의 논의를 정리하고, 재조일본인들의 귀환 양상을 그들의 체험과 기억 등을 통해 세밀히 그려낸 연구가 나왔고, 패전을 맞은 일본인들이 해방 공간에서 자신들의 권익 옹호와 귀환자 원호를 목적으로 만든 단체인 세화회世和會의 활동에 대해, 1945년 8월에서 1946년 3월까지 조직의 초기 활동을 중심으로 일본인의 귀환 과정을 분석한 연구도 있다.[14)]

---

13) 선구적인 저서만 소개하면 다음과 같다. 김의환, 『부산근대도시형성사연구』, 연문출판사, 1973; 이현종, 『韓國開港場研究』, 一朝閣, 1975; 김용욱, 『한국개항사』, 서문문고, 1976; 손정목, 『한국개항기 도시변화과정 연구-開港場, 開市場, 租界, 居留地』, 일지사, 1982; 손정목, 『한국개항기 도시사회경제사연구』, 일지사, 1982; 高秉雲, 『近代朝鮮租界史の研究』, 雄山閣出版, 1987; 橋谷弘, 『帝國日本と植民地都市』, 吉川弘文館, 2004; 城本悠一·木村健二, 『近代植民地都市 釜山』, 櫻井書店, 2007; 이규수, 『식민지 조선과 일본, 일본인』, 다할미디어, 2007; 홍순권 외, 『부산의 도시 형성과 일본인들』, 선인, 2008; 김수희, 『근대 일본어민의 한국진출과 어업경영』, 경인문화사, 2010; 최혜주, 『근대 재조선 일본인의 한국사 왜곡과 식민통치론』, 경인문화사, 2010; 이규수, 『개항장 인천과 재조일본인(인천학연구총서 29)』, 보고사, 2015.

14) 최영호, 「해방 직후 재경 일본인의 일본 귀환에 관한 연구」, 『典農史論』 9, 2003; 최영호, 「일본의 패전과 부관연락선 : 부관항로의 귀환자들」, 『한일민족

또한 조선총독부 출신 관료를 비롯한 재조일본인이 일본으로 돌아가 결성한 구우구락부·동화협회·중앙일한협회·우방협회 등의 활동과 이들이 발행한 기록물에 대한 연구는 재조일본인 귀환자의 조선 인식, 이들이 현대 한일 관계에 미친 영향을 고찰했다.[15] 귀환한 경성제대 교수들에 초점을 맞춘 연구는 패전 후 이들의 일본 내 활동과 일본 학계로의 편입, '귀환자' 지식인으로서의 정체성을 밝혔다.[16] 그리고 재조일본인 귀환자들의 조선·조선인·조선 인식의 다양한 유형, 경성회·부산회·월맹회·성진회 등 조선에서 태어난 귀환자들의 향우회와 동창회 활동, 재조일본인 2세들의 새로운 귀환자 네트워크 등에 관한 연구도 이루어졌다.[17]

그밖에도 한일 회담 전후에 결성된 후지카이不二會의 사례를 통해 귀환자의 식민지 체험에 대한 인식이 어떻게 전이·왜곡되었는지 검토되었다.[18] 혼재지에 거주한 재조일본인과 주변에 거주하던 조선인의

문제연구』 11, 2006; 노기영, 「해방 후 일본인의 귀환(歸還)과 중앙일한협회」, 『한일민족문제연구』 10, 한일민족문제학회, 2006; 김경남, 「재조선 일본인들의 귀환과 전후의 한국 인식」, 『東北亞歷史論叢』 21, 2008; 최영호, 「해방 직후 부산항을 통한 일본인 귀환」, 『港都釜山』 24, 2008; 최영호, 『일본인 세화회 - 식민지 조선 일본인의 전후』, 논형, 2013; 이연식, 『조선을 떠나며 : 1945년 패전을 맞은 일본인들의 최후』, 역사비평사, 2013.

15) 정병욱, 「조선총독부 관료의 일본 귀환 후 활동과 한일교섭-1950, 60년대 同和協會·中央日韓協會를 중심으로」, 『역사문제연구』 14, 2005; 이형식, 「패전 후 귀환한 조선총독부 관료들의 식민지 지배 인식과 그 영향」, 『韓國史研究』 153, 2011.

16) 전경수, 「학문과 제국 사이의 秋葉隆 : 경성제국대학 교수론(1)」, 『韓國學報』 31-3, 2005; 최재철, 「경성제국대학과 아베 요시시게(安倍能成), 그리고 식민지 도시 경성의 지식인」, 『일본연구』 42, 2009; 정준영, 「경성제국대학 교수들의 귀환과 전후 일본사회」, 『사회와 역사』 99, 2013.

17) 차은정, 『식민지의 기억과 타자의 정치학-식민지조선에서 태어난 일본인들의 탈향, 망향, 귀향의 서사』, 선인, 2016.

18) 이규수, 「식민지 체험자의 기억 속의 '제국'과 '식민지'-不二會를 중심으로」, 『역

라이프 스토리를 비교하면서 그들의 타자 인식과 식민지 경험을 고찰한 연구도 나왔다.[19] 재조일본인 2세, 3세에 대한 분석 연구로는 마산에서 태어난 일본인 조선사학자 하타다 다카시旗田巍에 주목하여 재조일본인 1세와 2세 사이에는 조선과 일본을 대하는 태도 또는 인식 구조에 차이가 있다는 것을 밝혔다.[20] 서구에서는 니콜Nicole이 재조일본인 2세에 대한 인터뷰를 통해 그들의 이중 정체성doubled identity과 식민자 집단의 혼혈적 성격hybrid nature을 지적하기도 했다.[21]

문학 연구에서 재조일본인 사회에 관심을 보인 것은 오래된 일이 아니다. 초기의 관심은 주로 총동원기에 발행된『국민문학』,『녹기』 등의 잡지를 통해 식민지기 조선인의 일본어 문학에 대한 관심에 동반된 것이었다. 1910년을 전후로 발행된『한반도』,『조선지실업』 등의 일본어 잡지나『개간』,『진인』 등의 동인지가 발굴·복간되면서 재조일본인의 문학과 조선의 일본어 문단으로 연구가 확대되어갔다. 식민지 본국 문단과의 동일성과 차이를 중심으로 한 관계 양상 등을 규명하며, 그들의 정체성과 관련한 연구가 주를 이뤘다.[22]

사와 경계』 79, 2011.

19) 鈴木文子,「交錯する人と記憶-朝鮮混住地における植民地経験」,『歴史学部論集(佛教大学歴史学部)』 9, 2019.

20) 旗田巍,「私の朝鮮体験」,『季刊三千里』 18, 1979; 旗田巍,「二つの三十六年に想う」,『季刊三千里』 23, 1980; 高吉嬉,「<在朝日本人二世>旗田巍における内なる朝鮮」,『季刊日本思想史』 76, 2010; 高吉嬉,『<在朝日本人二世>のアイデンティティ形成 : 旗田巍と朝鮮·日本』, 桐書房, 2001(『하타다 다카시 : 마산에서 태어난 일본인 조선사학자』, 지식산업사, 2005).

21) Nicole Leah Cohen, "Children of Empire : Growing up Japanese in Colonial Korea 1876~1946", Columbia University Ph.D, Dissertation, 2006.

22) 가미야 미호,「아베 요시시게(安倍能成)의 눈에 비친 조선」,『세계문학비교연구』 18, 2007; 박광현,「조선 거주 일본인의 일본어 문학의 형성과 (비)동시대성 : 「韓半島」와「朝鮮之實業」의 문예란을 중심으로」,『일본학연구』, 2010; 가미야 미호,「재조일본인 작가의 소설에 나타난 '일제' 말기 일본 국민 창출 양상 : 국민문학(國民文學)에 발표된 현직 교사의 작품을 중심으로」,『일본문화연구』

이상과 같이 재조일본인에 관한 연구는 다양한 각도에서 이루어졌다. 재조일본인은 '제국'과 '식민지'의 접점에서 '근대성'과 '식민성'을 규명할 중요한 연구 주제로서, 제국의 식민지 침략과 수탈이 국가 권력과 그들이 지원한 민간인이 결합함으로써 총체적으로 수행되었음을 실증하는 연구대상이다. 최근에는 각 개항장에 초점을 맞추어 식민 도시의 형성과 관련된 재조일본인의 인구 변동, 재조일본인 사회의 사회조직과 단체의 현황, 그리고 사회구조적 특성을 밝힘으로써 일본의 식민 지배의 성격과 식민지 근대를 심층적으로 이해할 수 있는 근거가 마련되고 있다.

소개한 것처럼 그동안 많은 연구가 이루어졌지만, 귀환자에 대한 연구는 앞으로도 갈 길이 멀다. 이제부터는 일본인의 귀환 과정, 전후 일본 사회로의 정착, 재외 재산 보상 운동, 식민지 체험·기억에 대한 문제, 전후 한일 관계에서의 역할, 전후 일본의 한국관에 대한 영향 등 개별적이고 단선적인 테마에서 벗어나 종합적이고 입체적인 연구가 필요하다. 이를 위해 체계적인 자료 정리와 구체적인 사례 연구, 그리고 지역 연구를 통하여 연구 성과를 축적해 나가는 것이 중요하다. 특히 지역별, 시기별, 직업별, 계층별, 세대별, 젠더별 차이에 따른 다양한 재조일본인의 특질에 대한 분석이 필요할 것이다.

제국 일본의 식민 정책을 연구하면서 식민지 지배자와 지배 집단

39, 2011; 서기재, 「『觀光朝鮮』에 나타난 '재조일본인'의 표상 : 반도와 열도 일본인 사이의 거리」, 『일본문화연구』 44, 2012; 박광현, 「'내선융화'의 문화번역과 조선색, 그리고 식민문단」, 『아시아문화연구』 30, 2013; 박광현·신승모 편, 『월경(越境)의 기록-재조일본인의 언어·문화 기억과 아이덴티티의 분화』, 어문학사, 2013; 서승희, 「전쟁과 서사, 그리고 재조일본인(在朝日本人)의 아이덴티티 : 汐入雄作와 宮崎清太郎의 소설을 중심으로」, 『한국문학이론과 비평』 19, 2015; 송혜경, 「식민지 조선의 '일본어문학'(1920~30년대)과 재조일본인 여성 표상 연구 : 조선 간행 일본어잡지 『조선급만주(朝鮮及滿洲)』와 『조선공론(朝鮮公論)』을 중심으로」, 『일본사상』 28, 2015.

의 내부 구조에 대한 정확한 이해가 결여되어 있다면, 재조일본인 연구는 명백한 한계를 지닐 수밖에 없다. 왜냐하면 재조일본인 연구의 궁극적인 목적의 하나는 외래 식민 지배자들과 대립 또는 제휴라는 다양한 상호 작용 속에서 일제강점기를 살아 간 조선인의 '근대적' 경험과 변화를 통시적으로 고찰하려는 작업이기 때문이다. '지배에 대한 저항'에 초점을 맞춘 연구에서는 지배의 성격 자체에 대한 심층적 이해를 발전시키지 못하는 한계를 드러냈다. 요컨대 기존의 연구는 많은 연구 성과에도 불구하고 식민지 정책자, 식민지 지배자들 자체에 대한 연구로까지 발전되지 못했다고 말할 수 있다. 식민 정책의 생산 구조는 물론 지배의 내면적 구조와 성격을 밝힐 수 있는 '지배 세력' 자체에 대한 내재적인 분석 작업이 필요한 시점이다.

3. 귀환자의 체험·기억·기록에 대한 비판적 연구의 필요성

일본 내에 산재한 '식민자'의 체험과 기억을 파악할 수 있는 주요 자료는 ① 총서·자료집류, ② 우방문고 자료, ③ 귀환자 단체 기록, ④ 개인 기록 및 문학작품 등으로 구분할 수 있다. 관련 연구의 진전을 위해 무엇보다 '식민자'의 기록과 구술의 녹취 등 각종 자료를 체계적으로 파악하고, 식민지 조선을 지배·통치한 조선총독부와 일본 정부의 공식 기록을 분석·평가함으로써 객관적인 실체를 파악할 필요가 있다.[23] 물론 이 자료의 일부는 한국과 일본의 연구자들에 의해 이미

23) 일본 정부의 입장을 대변하는 대표적인 자료는 『日本人の海外活動に関する歴史的調査』 總論·朝鮮編과 『朝鮮終戰の記録』 資料篇이다. 이는 패전 후 해외에 있던 일본인의 귀환에 관한 공적 기록과 조사 자료이다. 『日本人の海外活動に

인용되었지만, 이 자료들을 전면적, 비판적으로 검토한 연구는 없다. 식민자와 피식민자의 기억과 기록을 통해 식민지 조선의 역사상을 재구성하는 작업은 식민지 조선 관련 연구에 남아 있는 여백을 메우는 일이며, 나아가 현재 일본인의 한국 인식, 동아시아 인식의 뿌리를 찾는 데도 필요한 과정이라 판단된다.

'식민자'의 기억은 현재 일본의 한국 사회 인식에 많은 영향을 미쳤다. 특히 관료 집단을 중심으로 생산된 우방협회 간행물은 지금까지도 일본 정부나 우익 지식인의 식민지배 합리화의 근거 자료가 되고 있다.[24] 따라서 이들 기억의 '오류'와 '왜곡'을 분석할 필요가 있다. 일본인들이 간행한 개인 수기를 비롯해 각종 회고·증언·대담기록 등을 집중 분석함으로써 그들의 다양한 개별적 체험이 집단의 기억과 공적 기억으로 변화해 가는 과정, 그리고 개별 기억이 지닌 다양한 회로들을 밝혀낸다면 일제강점기의 역사를 더욱 풍부하게 복원할 수 있다. 아울러 이를 기반으로 진행되는 '역사바로잡기'는 미래지향적인 한일관계 형성에 지대한 공헌을 할뿐 아니라, 새로운 동아시아 역사상 확

関する歴史的調査』는 종전 후 일본 대장성 관리국에 의해 간행된, 메이지 초기부터 제2차 세계대전에 이르는 시기에 일본인이 해외에서 행한 활동을 개관한 보고서이다. 일본 대장성은 1946년 9월 일본인의 재외 재산 처리와 연합국의 배상 지불 문제에 대응하기 위해 '재외재산조사회'를 발족시키고 각 지역별 활동을 통해 1949년 1월 재외 재산 평가 추정 작업을 실시했다. 이 보고서는 1950년까지 전11편 37책으로 간행되었는데, 당초에는 일반에 공개되지 않았다. 이 가운데 조선은 총 11책이다.

24) 우방문고는 주로 (재)우방협회와 (사)중앙일한협회가 수집한 것으로, 정무총감이나 각 국장 등 조선 통치 정책 결정상 중추적인 위치에 있던 구 조선총독부 관료들이 가져온 정책 입안 단계의 메모와 직접 작성한 보고서 등을 포함하는 것이어서 자료적 가치가 매우 높은 것으로 평가되고 있다. 이는 당초 수집 주체였던 상기 두 협회의 이름을 딴 '우방협회·중앙일한협회문고'였는데 1983년부터 가쿠슈인(学習院)에 기탁, 운영되다가 2000년에 소유권이 완전히 이양됨으로써 동 대학 동양문화연구소가 관리·보관하게 되어 명칭도 우방협회로 바뀐 것이다.

립에 새로운 패러다임을 제공할 것이다.

관료 등 정책 담당자가 생산한 기록만이 아니라 기업을 운영하던 경제인이나 지식인, 그밖에 일반인의 회상 기록에 관한 연구도 중요하다. 경제인의 경우 기업 운영과 관련된 구체적인 자료가 양적으로도 방대하고, 관료들의 자료만큼 논리적 근거가 탄탄하지만, 여전히 '시혜'의 입장에서 벗어난 것은 아니어서 이 역시 객관화가 필요하다. 귀환자 집단이 만들어낸 신문이나 회보 자료도 있다. 이들은 사우회나 동향회, 동창회를 이루고 집단적으로 식민지의 회상을 남겼다.[25)]

패전 이후 일본으로 귀환한 재조일본인들이 남긴 기록은 귀환자를 맞이하기 위해 만들어진 갖가지 조직이나 또는 귀환자 본인들이 만든 조직을 통해 다양한 형태로 남아있다.[26)] 당시 일본에서는 귀환자들을

---

25) 귀환 사원 단체 기록으로는 조선총독부 현직 직원 모임인 계림클럽이 1959년부터 1960년까지 『계림』이라는 잡지를 발행했다. 계림클럽은 원래 1920년대 전반에 총독부 신진 관료들의 친목단체로 결성된 것이었다. 또 총독부 교통국 출신 귀환자단체인 선우회(鮮交會)는 1955년부터 1983년까지 『선교(鮮交)』라는 잡지를 발행하는 외에도 『조선회고록』을 5집까지 발행했고 『조선교통사』와 동 자료편 등을 간행했다. 조선은행 직원들이 귀환 후 조직한 조선은행교우회(朝鮮銀行交友会)는 『교우(交友)』 그리고 『鮮銀交友会』라는 회보를 발행하는 외에도 1959년부터 1969년까지 기관지와 회고록 등을 발간했다. 조선식산은행 직원들도 친목모임인 식은행우회(殖銀行友会)는 『회심(会心)』을 발행하는 한편 『殖銀時代をかえりみて!』(1968)와 『朝鮮殖産銀行終戦時の記録』(1977) 등을 발행했다. 또 불이흥업주식회사의 사우회인 불이회(不二会)는 『불이(不二)』라는 회보를 1966년부터 1968까지 발행했다.

26) '인양자' 관련 단체는 귀환자들을 돌보기 위해서 만들거나 귀환자들이 모여서 만든 단체들이다. '인양자' 단체 전국 연합회가 발행한 『인양전련통신(引揚全連通信)』은 1962년부터 1968년까지 발행되었고 『전국인양자신문(全国引揚者新聞)』은 1948년부터 1949년까지, 그리고 『인양동신문(引揚同新聞)』은 1946년부터 1949년까지 발행되었는데 이들은 신문 형태이다. 또 『인양동포(引揚同胞)』는 도쿄의 조선인양동포세화회(朝鮮引揚同胞世話会)(1946~7), 그리고 재단법인 만몽동포원호회가고시마현지부(満蒙同胞援護会鹿児島県支部 1946~7) 및 히로시마현(広島県) 인양동포향청회(引揚同胞向青会 1946~7) 등이 같은 이름의 잡

군인·군속과 일반인으로 구분했다. 일본 패전 당시 해외에 남아있던 일본인은 약 660만 명(군인·군속 약 353만 명, 일반인 300만 명)에 달했는데 이들의 귀환을 군인·군속은 '복원復員'으로, 일반인은 '인양引揚'이라 칭했다. '복원'은 군대 체제를 '전시'로부터 '평시'로 복원하고 병사를 동원 상태에서 복무 대기로 되돌린다는 의미를 지닌다. 비전투원인 일반인에 대해 '인양'이라는 표현을 쓴 것은 패전에 의해 적지에 남겨진 일반인을, 마치 물에 빠진 사람을 구하는 것에 비유한 것이다. '식민자'를 전쟁 피해자로 전환시키는데 이런 어휘도 어느 정도 영향을 미쳤을 것이라 생각된다.

그밖에 일반인의 개인 회고 기록도 많이 남아있고, 식민지 기억을 감성적으로 서술한 문학 작품도 다수 있다. 그러나 관료 집단과 일반인들의 기억이 달랐고, 집단과 개인의 기억이 충돌하고, 식민자 내부에도 층위가 있었다. 물론 일반인 역시 식민 지배의 '풀뿌리 침략'의 담당자였고 그들의 기억 역시 식민자로서 식민 지배를 합리화하고 조선인을 보는 시각이 왜곡된 경우가 많았다. 문학 작품의 경우에도 이 같은 인식에서 벗어나지 못했다. 따라서 정책을 수립하고 집행한 관료의 회고만이 아니라, 일반인의 일상에 대한 기억도 객관화할 주제로 설정할 필요가 있다. 이 역시 식민지 조선이 가진 역사의 속살을 드러내는 데 도움이 될 것이다.

이를 위해 식민자로서의 재조일본인의 체험과 기억 속에 남아있는 식민지 조선의 모습은 과연 어떠했으며 그것이 식민지 조선의 역사적 실체와 어떻게 연동되는지 살펴보아야 한다. 특히 재조일본인들의 '침략자'로서의 동일성과 그들이 만들어낸 '식민자 사회'의 중층성에도 주목해야 한다. 즉 '침략의 첨병'으로서의 재조일본인의 관점과 그들이 바라본 조선이라는 측면이다. 동시에 재조일본인 사회의 관민官民

지를 발행했다.

이라는 종적인 연결 고리와 그들 내부의 횡적인 연결 고리도 염두에 두고 재조일본인이 바라본 조선 사회의 모습을 비판적으로 재구성해야 한다.

재조일본인들이 '식민자'로서 조선인 사회와 어떻게 접촉했는지도 주목할 필요가 있다. 재조일본인들의 조선인에 대한 차별 의식과 지배자로서의 우월감, '제국 의식'이 어떻게 생산되고 또 재생산되는지의 과정과 메커니즘을 재조일본인 사회의 신문, 잡지기사, 간행물 등을 통해 접근할 필요가 있다. 마지막으로 아직 간행되지 않은 구술 기록이나 방대한 양의 회고록, 전기, 학교문집, 동창회지, 개인 증언, 강연록 등을 통해 귀환 후의 재조일본인들의 체험과 기억을 통해 형상화된 식민지 조선과 조선인의 실상도 밝혀야 할 것이다.

이상과 같이 기억과 구술, 회고와 증언의 문제는 중요한 연구 영역이다. 기억에 기반을 둔 구술사는 이미 역사 서술의 새로운 영역으로 부각되었다. 즉 당사자의 증언이나 수기 등을 대상으로 전후 일본 제국과 식민지에 대한 기억 방식을 둘러싼 다양한 논의가 시작되었다. 이것은 장기간에 걸쳐 고착화된 '식민지 수탈론'에 대한 문제제기='공적 기억에서 누락된 사건'의 부각으로 나아갈 수 있다. 즉 이를 통해 공적 기억을 단일 회로로만 주조하는 저항사나 민족사 개념을 비판하고, 일국 중심주의적 역사 서술 과정에서 강화된 공적 기억과 내셔널리즘을 극복하는 방향으로 진전될 수 있다. 요컨대 제국=일본과 식민지 조선의 관계를 '지배 대 피지배' 혹은 '수탈 대 저항'이라는 이항대립적으로 해석하는 기존의 틀을 뛰어넘어 보다 풍부한 역사적 사실을 포괄하는 사회사·미시사적 연구 패러다임을 구축할 수 있을 것이다.

4. 공생의 역사학을 꿈꾸며

근대 이후 동아시아 사회는 일본의 제국주의화, 중국의 반식민화, 한국의 식민화라는 주변국과의 갈등과 분쟁의 과정을 겪었다. 식민 제국 일본과 피식민지국과의 대립은 이들 사회의 격심한 사회적 변동과 더불어 동아시아 모든 구성원에게 청산해야 할 커다란 역사적 과제, 즉 국가 간 대립과 갈등을 극복하고 상호 소통을 통해 화해와 공존의 장으로 나아가야 하는 과제를 남겨 놓았다. 일본의 패전 이후 특히 한국과 일본 두 사회는 모두 식민지 경험의 청산과 새로운 국가 건설, 그리고 서로에 대한 부정적인 인식을 극복해야 하는 역사적 책무에 직면할 수밖에 없었다.

제국과 식민지 경험이라는 근대의 유산은 여전히 동아시아 국가 사이에 갈등의 한 축으로 작동하고 있다. 따라서 제국의 영역을 확장하기 위해 제국과 식민지의 경계를 넘나들었던 재조일본인의 체험과 기억에 대한 연구는 현재 동아시아 사회가 안고 있는 문제의 역사적 연원을 밝힐 수 있다는 점에서 현재적 의미가 있다. 동아시아 사회는 물론 근대 한국 사회의 체계적 이해를 위해 면밀한 검토가 요구되는 것도 이 때문이다.

일본인을 매개로 발현된 식민지 시기의 다양한 사회적 현상을 지배와 저항의 관점에서만 이해하기에는 한계가 있다. 특히 식민지 조선에 대한 제국 일본의 기억 방식에만 초점을 맞추면, 패전 이전에 형성된 차별적인 고정 관념이 어떻게 전후에도 무비판적으로 계승되고 다양한 양태로 재생산되었는지 충분히 해명할 수 없다. 가지무라 등이 강조했듯이 일본의 식민지 지배는 '근대 미시 권력의 작동' 또는 '풀뿌리 지배 권력의 억압성'이라 말할 수 있다. 따라서 식민지 지배 체제를 총체적으로 규명하고 현대 일본과 일본인의 정체성을 연속적으로 파악하려면, 식민자인 일본 서민의 제국과 식민지에서의 역사적 체험과 인식 구조의 해명이 불가결하다.

제국의 일반 서민이 식민지를 기억하는 회로는 다양하다. 식민지 기억은 '식민지 권역'과 '비식민지 권역'이라는 지배 강도에 따라, 또 본국 귀환과 현지 억류 등 패전 국면의 원체험 차이, 종전 직후 해당 지역의 정치지형에 따라 다양하게 분기된다. 제국 일본에게 조선의 '위치'와 '임무'는 '제국의 생명선'이라 간주될 만큼 중대했다. 지리적 접근성으로 어느 지역보다도 식민지 조선을 용이하게 경험한 많은 일본 서민은 식민 지배자 특유의 의식과 정신 구조를 구축하고, 조선인과 격리된 채 자신들만의 생활공간에서 식민자의 특권을 향유했다. 물론 패전 직후에는 만주 귀환자들의 경우와 유사하게 '고난'과 '향수' 기억도 표출했지만, 그보다는 조선에 대한 뿌리 깊은 '멸시'와 '차별' 의식이 더 컸고, 이런 의식은 왜곡된 형태로 지속적으로 남아 있었다. '식민지 근대화론'이나 역사 교과서 문제에서 드러나듯이, 조선에 대한 왜곡된 의식은 식민지에 대한 제국의 '시혜'라는 형태로 드러난다. 일본인의 식민지 조선에 대한 기억이 '현재진행형'으로 재구성되고 있는 것이다.

조선에 대한 식민자의 이해는 무엇보다 피식민자의 입장에서 출발해야 한다. 예컨대 치안유지법에 관한 일본 경찰의 회상 기록은 당시 검거된 독립운동가 입장에서 재해석되어야 한다. 식민자의 기억은 식민지 조선의 이해에 풍성한 자료를 제공하지만, 이에 대한 객관적인 분석과 평가가 동반되어야 한다. 지배 논리를 지닌 정책 담당자의 회고 기록은 '미화'의 과정을 거치기 때문이다.[27] '식민자'의 기억을 객

27) 예를 들어 3·1운동 직후 경기도 제3부장으로 부임하여 경기도 일원의 치안책임자였던 치바 사토루(千葉了)는 '민족본능'의 실현으로 한국의 자치제도를 실현했다며 "지금 일본 정치를 말하면 길어지니 그만 두겠습니다. 하지만 돈을 생각하지 않고 하고 싶은 것만 주문합니다. 세상은 그렇게 움직이지 않습니다. 그

관적으로 재평가함으로써 식민지 조선에 대한 이해의 지평을 넓히는 과정이 긴요하다. 현재까지 일본이 남긴 공식 기록은 식민지 조선에 대한 역사적 평가의 근거로 각 학문 분야에서 정리되어 있다. 그러나 '식민자'가 수립한 정책의 배경과 목적을 '피식민자'의 입장에서, 그 허구성을 밝히는 작업은 현재까지 제대로 진행되고 있지 않다.

민족 간의 상호 인식은 교류와 외교 관계 등을 통해 형성되며 미래의 관계를 결정하는 중요한 요소이다. 특히 한일 관계의 미래상에서 상호 인식은 실질적인 영향을 미친다. 이런 의미에서 한일 간의 역사적 체험과 기억을 구성하는 상호 인식의 토대들을 살펴보는 작업은 현재의 양국 관계만이 아니라, 미래에 대한 전망을 가늠할 수 있는 주요 방법의 하나이다. 상호 인식을 규명하는 작업은 한일 관계의 과거와 현재, 미래를 바라보는 스펙트럼이다.

제국 일본 식민자의 체험과 기억 연구는 일본·일본인의 왜곡된 역사 인식만을 부각시키기 위해서가 아니라, 동아시아 차원에서 새로운 평화와 공존의 가능성을 모색하기 위한 것이다. 역사의 부정적 측면을 서술하는 일은 네오내셔널리스트들이 항변하듯이 결코 자민족을 '자학'하는 일이 아니다. 역사학 본연의 임무는 과거의 교훈 위에서 미래 지향적인 가치 체계를 확립하는 데 있다. 역사학은 과거의 '기억 들추기'를 통해 '과거에 머물기'가 아니라, '과거 되살리기'를 바탕으로 평화와 공생을 향한 '미래 살아내기' 작업이기 때문이다.

런 것부터 차근차근 훈련해야 합니다. 자치는 스스로 책임을 져야 합니다. 의무를 져야 합니다. 그들은 권리를 주장하고 의무를 떠안을지 모릅니다. 그들이라는 것은 조선을 말합니다. 그런 것부터 시작해서 실시기관까지 자치제도를 성장시킨 것은 바로 일본의 힘입니다"(千葉了, 「三一事件後の朝鮮に赴任して」, 『東洋文化研究』 5, 學習院大學東洋文化研究所, 2003, p. 243)라고 마치 일본이 한국의 자치제도를 실현시킨 것처럼 강변했다. 이에 대해서는 이규수, 「조선총독부 치안관계자의 한국인식-미공개 녹음기록의 분석」, 『동학연구』 18, 2005 참조.

중국 연변대학교의 한국학 연구의 성과와 과제

김태국*

1. 머리말

중국 연변대학교는 한민족이 주체가 되어 연길에 설립한 고등교육기관이다. 1949년 4월 1일 연변대학교가 개교했으므로, 내년이면 70주년을 맞는다. 연변대학교는 70성상의 간고한 창업과 건설을 통해 현재 19개 단과대학과 76개 세부 전공으로 성장했다. 그리하여 중국에서 유일하게 한국학 교육과 연구를 중심으로 일류대학교(42개)와 일류학과(137개) 건설 자격을 획득하게 되었다.

연변대학교는 2018년 4월 현재 일반과정 학생은 석·박사 연구생이 4,000명, 학부생이 18,605명, 전문대생이 414명 등 총 23,019명이고, 평생교육원 학생이 20,740명, 그리고 34개 국가의 유학생이 481명이다. 연변대학교는 지난 69년 동안 졸업생 210,000여 명을 배출했으며, 지역과 사회 그리고 재중 한인사회의 민족공동체 형성에 크게 공헌했다.

연변대학교는 개교 초기부터 조선어문학부와 역사학부를 설치하여 한국학에 대한 교육과 연구를 시작했다. 그 결과 연변대학교는 중국에서 한국학 연구의 본산으로 거듭나게 되었고, 중국의 한국학 연구를

* 연변대학교 인문사회과학학원

선도하고 있다. 연변대학교는 한국학을 매개로 남북한 학술교류의 장을 마련하고, 한반도 통일의 초석을 다지는데 일조하고 있다.

이러한 맥락에서 이 글은 연변대학교가 그동안 취득한 한국학의 연구 성과와 향후 전망을 살펴보고, 연변대학교가 갖는 지위와 위상을 고찰하고자 한다.

2. 연변대학교의 설립과 중국의 한국학 연구의 시동

중국 동북 지역 조선족들은 중국의 국공내전이 진행되고 있음에도 불구하고, 고등 인재 배양과 민족문화 계승과 발전을 목적으로 대학교 설립을 추진했다. 1949년 1월 '연변대학 건교준비위원회'가 수립한 「연변대학교 건교 방안延邊大學建校方案」에는 "새롭게 설립하는 대학교의 취지는 혁명사상과 과학지식을 겸비한 동북 조선족 인민의 신민주주의 국가 건설 인재"를 배양하기 위함임이 명시되어 있다.

한민족이 중국에 이주하여 정착하면서 가장 관심을 가지고 추진한 일이 바로 후대의 교육이었다. 마을에 학동 3명만 있으면, 훈장을 모시고 서당을 개설할 정도였다. 용정촌에서는 1906년 보재 이상설이 '서전서숙瑞甸書塾'을 설립하여 근대교육의 시원을 열었다. 이후 중국 동북 지역 곳곳에서 사립학교가 설립되었고, 한민족의 독립을 지향하는 반일교육운동이 전개되었다. 1920년대에는 용정촌에 대성, 은진, 동흥, 영신 등 중학교가 설립되었다. 중국에서 조선인에 대한 중등교육을 실시할 수 있는 제도와 시설이 구축된 것이다. '만주국' 시기에도 중등교육에 대한 이주 한인사회의 열의가 식지 않았다. 중등학교 설립 기성회가 곳곳에서 설립되었고, 보다 양질의 교육기관을 설립하는 방안을 논의했다는 사실이 이를 반증한다.

이와 같은 이주 한인사회의 고등교육에 대한 오랜 열망이 연변대학교의 설립 기반이 되었다. 연변대학교의 설립은 중국 조선족 문화사에서 특기할 만한 사변이었다. 한민족이 중국으로 이주하여 조선족으로 거듭나는 과정에서, 고등교육을 통해 자신의 문화 수준 향상을 도모하고, 특유한 문화 정체성을 구축하는 데 중요한 기반을 마련했기 때문이다.

중화인민공화국이 수립(1949. 10. 1)된 이후 한국학은 '조선학'이라는 이름으로 뿌리를 내렸다. 이는 냉전으로 인해 중국과 북한은 이데올로기 동맹 차원에서 문화 교류가 활발했던 반면, 중국과 한국의 교류는 완전히 차단되었던 상황과 무관하지 않다. 1949년에 연변대학교 조선어문계를 필두로, 1950년에 북경대학교에 동방어문계가 설립되었고, 이후 북경 경제무역대학교(1951), 낙양외국어대학교(1956)의 조선어, 문학, 예술, 역사, 철학, 경제 등 분야에 한국학 관련 학과들이 설치되었다. 연변대학교를 제외한 상기 대학교들은 주로 북한 어학체계 중심의 언어교육에 집중했다.

1983년 중국 민항기 사건, 1986년 아시안 게임, 1988년 서울올림픽을 계기로 한중 사이에 교류의 물꼬가 트였다. 마침내 1992년 한중수교가 이루어지면서 중국에서 한국학 연구가 본격화되었다. 한중교류가 완전히 단절되었던 관계로, 중국에서는 한국에 대한 이해가 전무했고, 한강의 기적을 이룩하며 새로운 모습으로 다가온 한국의 고속 성장이 가능했던 경제와 문화에 대한 관심이 고조되었다. 그래서 경제 영역을 중심으로 하는 한국 연구가 시작되었다. 기존의 조선연구와 새롭게 시작된 한국 연구가 결합되면서 한국학 연구는 명실상부하게 붐을 이루었고, 한국학 관련 교육·연구기관들이 보다 체계화되어갔다.

중국의 한국학은 시대적인 변화에 따라 명칭, 연구 대상, 영역과 범주 등에서 변화를 거듭했다. 명칭의 경우, '조선학'은 '조선-한국학' 또는 '한국학'으로 바뀌는 흐름을 보였다. 한국학의 영역과 범주를 어떻게 규정할 것인가를 두고 논란이 있기는 하지만, 대체로 아래와 같은 내용으로 합의점을 찾고 있다. 중국에서 한국학이란 "한국과 조선에 관계되는 모든 학과를 가리키는 것으로, 조선(한)반도의 철학·정치·경제·법학·교육·언어·문학·예술·역사·지리·군사·체육 등 모든 분야를 아우르는 종합적 학문"[1]으로 상정하고 있다. 한중관계의 급속한 발전, 경제와 문화 교류가 나날이 활발해지면서 한국어 및 한국 문화에 능숙한 이른바 '한국형' 인재에 대한 사회 수요가 급증했다. 여기에 '한류'의 확산에 따른 대중적 관심이 더해지면서 중국에서 한국학은 이미 미국학, 유럽학, 일본학과 비견할 수 있는 규모로 성장했다.

중국의 한국학 교육·연구기관은 주로 대학에 설립되어 있다. 여기에는 한국어 독립학과 또는 한국학 연구를 목적으로 설립된 연구소들과 한국과 관련된 언어·역사·사회·문화·정치·경제 등 모든 학문 분야의 연구기관들이 포함된다. 중국 교육부 통계에 따르면, 2014년 현재 총 215개의 한국 관련 학과가 설치되어 있다. 그 가운데 4년제 학부제 대학은 107개, 2~3년제 전문대학은 108개이다. 연변대학교 조선·한국연구중심에서 진행한 조사에 의하면, 한국학 관련 연구를 진행하는 연구자들은 대체로 20개 성, 직할시에 분포되어 있다. 한국학 연구기관들은 12개 성, 직할시를 포함하여 74개 정도가 설치되어 있는 것으로 파악된다.

1) 季羡林,『朝鲜-韩国文化与中国文化』, 中国社会科学出版社, 1995; 李德春,「韩国学和中国的韩国学」,『东疆学刊』, 23-3, 2006.

3. 연변대학교의 한국학 연구

연변대학교 한국학 연구의 역사는 크게 세 단계로 나누어 살펴볼 수 있다.

제1단계(1949~1966)는 건교부터 '문화대혁명'이 발발하던 시기까지다. 앞서 살펴본 바와 같이 연변대학교는 중국에서 한국학 연구를 가장 먼저 시작했다. 건교 초기부터 1950년대까지 한국어의 규범화, 한국 문학과 한국 역사 유산에 대한 발굴과 정리 사업을 진행했다.

1949년 8월 연변대학교 역사계 학생들은 최문호崔文鎬와 오봉협吳鳳協 교수의 인솔 하에 돈화현 우정산牛頂山(六頂山이라 부르기도 함)에서 진릉珍陵과 정혜공주 묘貞惠公主墓 등 고적을 한 달 가량 조사했다. 오봉협 교수는 상기 발굴과 정리에 의거해 「육정산 발해 고분 연구六頂山渤海古墳研究」란 논문을 발표했다. 이 논문은 당시 국내외 학계의 주목을 받았고, 발해의 옛 도읍을 확정하는 데 중요한 공헌을 했다. 그 뒤로 연변대학교 역사학부와 학생들은 연길시 동쪽에 위치하는 동하국東夏國의 고성 유적지의 유물을 발굴하여 정리했다.

1950년 여름 북경대학교 동방언어문학계에서 조선어 전공을 설립했다. 이어서 중앙민족대학교, 북경경제무역대학교, 낙양외국어대학교에서도 조선어문 전공을 설립했다. 연변대학교는 상기 대학교들에 조선어문을 가르치는 교수를 파견했다. 1951년 9월부터는 북경대학 동방언어문학계 조선어 전공 3학년 학생 10명이 연변대학교에서 조선어 연수를 받았다. 연변대학교는 북경대학교반을 별도로 운영하여 이들 한족 학생들에게 조선어문 과정을 가르쳤다. 이를 필두로 1957년까지 6차에 걸쳐 무려 88명에 달하는 북경대학교 조선어 전공 학생들이 연변대학교에서 1년간 공부하는 코스를 이행했다. 이들 가운데 중국을 대표하는 학자, 편집, 기자, 번역가, 외교가 등이 배출되었다. 위욱생韋旭生(북경대학교 교수), 선덕오宣德五(중국 사회과학원 연구원), 장정연張庭延(제1임 중국 주 한국대사), 백예白锐(중국 주조선대사관 문화참찬), 하장명何章明(중국 주파키스탄 총영사), 주필충周必忠(인민일보 국제부 기자), 진식반陳植潘(중국 사회과학원 연구원), 뇌자금雷子金(국가 1급 번역가) 등이 바로 대표적인 사람들이다.2)

1952년 10월 연변대학교는 제1회 졸업생을 배출했다. 이로서 한국학 연구를 위한 새로운 역군이 보충되었다. 1956년까지 역사학부와 조선어문학부의 수십 명에 달하는 졸업생들이 모교의 교수로 임용되었고, 한국학 연구와 한국학을 가르치는 대오에 합류했다.3) 이들 졸업생 가운데 뛰어난 이들을 선발하여 1954년 북한과 소련에 유학을 보냈다. 모두가 한국학 연구를 위해서였다. 그 뒤로도 연변대학교에서는 20명에 가까운 청년 교수들이 북한에서 연수했다. 그들은 북한에서 석사 혹은 박사과정을 마치고 돌아와 연변대학교의 교수로 활약했다.

1957년 중국 학술계의 '백화제방, 백가쟁명' 방침에 따라 연변대학교의 한국학 연구는 새로운 발전 단계로 진입했다. 연변대학교가 개교하면서 조선어, 조선문학, 조선역사 등 한국학 과정을 개설했다고는 하지만, 한국학 학자들과 교수들의 주요한 활동은 교과서와 교학참고서 편찬이 주를 이루었다. 1956년 말 전국인민대표대회민족위원회와 국무원민족사무위원회의 제안으로 관련부서에서 각 소수민족의 역사와 문화에 대한 조사 연구를 진행했다. 연변대학교에서는 조선족 역사와 문화 상황에 대한 연구를 담당했다. 1957년 여름부터 연변대학교의

---

2) 延邊大學校史編寫組, 『延邊大學校史(1949~2009)』, 延邊大學出版社, 2009, p. 70.

3) 1952년 제1회 졸업생 가운데 36명(사범 학부생), 1953년 제2회 졸업생 가운데 46명(사범·의학·농과 학부생), 1954년 제3회 졸업생 가운데 8명(사범 두 개 전공), 1955년 제4회 졸업생 가운데 31명(사범·의학·농과 학부생), 1956년 제5회 졸업생 가운데 56명(사범·의학·농과 학부생) 등 모두 177명이 모교의 교수로 임용되었다(延邊大學校史編寫組, 위의 책, p. 73).

교수를 중심으로 '중국조선족역사조사팀'을 설립하여 조선족의 천입사와 동북 수전개발사 등 개척사와 중국 조선족 반일투쟁사에 대한 사료 수집과 연구를 착수했다. 조선어문학부에서는 중국조선족문학연구소를 설립하여 중국 조선족의 천입으로부터 중화인민공화국 성립 이전의 문화 활동에 관한 사료와 문학작품 수집과 연구를 진행했다. 이를 기반으로 연변대학교에서는 1957년 4월 대학교 차원에서 학술세미나를 개최했다. 그리고 1957년 9월부터 『학술과 연구學術與研究』라는 정기 학술 간행물을 간행했다.

1950년 연변대학교는 조선민주주의인민공화국 국립중앙도서관, 김일성종합대학, 국가과학원, 평양사범대학, 원산농업대학 등 기관 및 대학교 도서관들과 도서교류 관계를 맺어 오늘에 이른다.[4] 1958년 3월에 체결된 협정에 근거하여 조선의 언어학자 정열모鄭烈模 부교수가 반년 동안 연변대학교에 체류하며 공동연구를 했다. 이는 외국의 한국학 학자가 연변대학을 학술목적으로 방문한 첫 사례였다.

1958년 5월 연변대학교는 이른바 '민족문제를 둘러싼 대변론'이라는 이름으로 민족정풍운동民族整風運動을 전개했다. 상기 운동은 조국문제, 민족문제, 민족구역자치문제, 민족관습, 민족 형식 등 문제에서 마르크스 관점을 수립하는 데 목적을 두었다. 그러나 좌편향의 지도사상으로 한국학 연구에 큰 상처를 남겼다. 특히 1959년 4월에 전개된 '정풍'에서는 조선어의 순결성을 주장하던 조선어 교수들에게 '지방민족주의'란 멍에를 씌워 정치상에서 박해했다. 역사학부와 조선어문학부에서는 조선역사와 조선문학 등 과정을 취소했다.

상기 '민족정풍'의 좌편향은 1960년부터 수정되었고, 조선고전문학과 조선역사 등의 과정이 회복되었다. 지희겸池喜謙 등 교수들이 펴낸 『조선역사간편朝鮮歷史簡編』은 중국에서 출판된 조선역사 저술이다. 1959년

4) 延邊大學校史編寫組, 앞의 책, p. 71.

12월 연변대학교는 전국 규모의 학술회의를 개최하고, 처음으로 상기 저서에 관한 저작 토론회를 열었다.

1964년 연변대학은 조선역사어문연구소朝鮮歷史語文研究所를 설립했다. 이 연구소는 연변대학교에서 가장 먼저 설립한 연구소인데, 중국 조선족의 역사와 중국 조선족의 언어문자 사용에서 제기되는 문제를 연구과제로 삼았다.

1966년 5월 '문화대혁명'이 시작되면서 한국학 연구를 비롯한 다른 학과의 모든 학술 연구는 금지되었다. 한국학 연구에서 종사하던 대부분의 교수들은 여러 가지로 정치적 박해를 받았다. 민족대학이라는 연변대학교의 성격마저 부정되었다. 1970년 9월 새롭게 신입생 200명을 모집했는데, 조선족은 60명에 불과했다. 건교 초기에 설립된 역사학부는 취소되었다. 민족어문 인재를 배양하던 조선어문학부는 통역일군을 양성하는 기관으로 전락했다.

제2단계(1966~1992) 연변대학교의 한국학 연구는 '문화대혁명'을 경과하면서 전면 정지와 중단을 거치고 중국의 개혁개방을 맞이하면서 새로운 전기를 맞았다. 연변대학교는 민족대학으로서 면모를 되찾았다. 취소된 학부와 연구소는 1977년부터 회복되었다. 1978년 12월부터 연변대학교는 다시 조선족의 고등 인재를 배양하는 교육기관으로 인정받았다. 이를 통해 연변대학교의 한국학 연구는 새로운 활력을 찾아갔다. 조선어문학부와 역사학부가 회복되었고, 1979년 9월부터 석사 연구생을 모집했다. 1986년 국무원학위원회는 연변대학교에 조선언어문학 박사과정 설립을 허가했고, 1987년부터 한국학 박사과정 학생이 모집되었다.

1978년 3월에는 '문화대혁명' 시기에 취소되었던 조선역사어문연구소가 복원되어 민족연구소로 개편되었다. 새롭게 출발한 민족연구소는 조선족 역사, 조선족 어문, 조선족 문화, 민족이론과 정책 등의 연구실을 두고 중국 조선족의 역사·언어·문화를 연구했다. 특히 조선족 통사, 조선족 이주사, 조선족 혁명 열사전, 조선족 문화사, 조선족 항일투쟁사 등이 주요 연구 주제였다.

1978년 4월 연변대학교는 한반도의 정치, 경제, 역사, 문화를 체계적으로 연구하고 소개하기 위해 조선문제연구소朝鮮問題研究所를 개소했다. 이 연구소에서는 조선철학, 조선역사와 조선경제 연구실을 설립했다.

1983년 8월에는 중국 조선족의 고적 문헌을 정리하는 목적으로 민족고적연구소民族古籍研究所가 문을 열었다. 국가민족사무위원회가 설립한 것으로, 조선족의 역사, 문화 그리고 경제생활과 관련 역사문헌자료를 정리하는 것이 주요 과제였다.

상기 연구소들은 모두 한국학 연구 중심, 자료 중심, 인재 육성기관으로 거듭난다는 목표를 갖고 연구를 진척시켰다. 조선어문학부의 한국어와 한국문학, 조선문제연구소의 철학·역사·경제, 민족연구소의 중국소수민족사, 고적연구소의 중국 조선족 문헌 정리 등 전공에서 석박사생을 모집하여 새로운 한국학 연구 인력을 육성했다.

연변대학교에는 조선어문학부에서 한국어와 문학을 연구하는 외에도 역사, 외국어, 한어, 체육, 경제, 미술, 음악 등의 학부에서도 한국학 관련 과정이 개설되어 있다. 즉 역사학부에서 한국사를, 한어학부에서 한국어와 중국어의 대비 연구와 번역을, 체육학부에서는 민족 체육을, 경제학부에서는 한국경제 과정을 설치했다.

이 시기 중국 각 대학교에서도 한국학 관련 과정이 설치되었다. 이로 인해 한국학 과정의 교수에 필요한 교과서와 교학 참고서 그리고 한국학 관련 지식 백과사전 편찬이 시급했다. 연변대학교의 한국학 연구는 상기 과제를 해결하는 데 앞장섰다. 건교 초기 연변대학교의 한국학 관련 과정은 북한에서 출판한 교과서와 교학 참고서를 그대로 사용했다. 그러다가 1950년대 중반부터 중국 특색이 강조되면서 자체적으로 교과서와 참고서를 편찬했다. 1957년 지희겸이 집필한 『조선고대사강의朝鮮古代史講義』, 1985년 김기봉金基鳳이 집필한 『조선사강의朝鮮史講義』, 1985년 김광수金光洙가 집필한 『조선근대사朝鮮近代史』(흑룡강조선민족출판사), 1986년 박진석朴眞奭 등이 집필한 『조선간사朝鮮簡史』(연변교육출판사)가 대표적이라고 할 수 있다. 상기 저서들은 조선역사과정의 교과서로 이용되었다.

조선어 사용 규범에 관한 저서들도 출판되었다. 그 가운데 연변대학교 교수들이 집필한 『조선어문법』(최윤갑, 연변인민출판사, 1974), 『조선어수사학』(김기종, 요녕인민출판사, 1983), 『중세 조선어 문법』(최윤갑, 연변대학교출판사, 1987), 『조선어문법』(강은국, 연변대학교출판사, 1987), 『조선어어휘사』(이득춘, 연변대학교출판사, 1988) 등은 조선어 교학에 필요한 교과서와 참고서로 사용되었다.

조선어문 참고서로는 『조선어문수책』(정판룡 주편, 요녕인민출판사, 1982), 『조선어문기초지식』(최상철 합편, 연변인민출판사, 1974) 등이 있다.

조선문학 방면의 교과서와 참고서는 허문섭의 『조선문학사』(연변인민출판사, 1983), 정판룡 등이 공동 집필한 『외국문학사』(1~4책, 길림인민출판사, 1981~1983)와 『동방문학간사』(북경인민출판사, 1986) 등이 있다.

이 시기 연변대학교의 한국학 연구는 철학, 정치학, 역사학, 경제학, 언어학, 문예학, 교육학 등 각 방면에 걸쳐 다양하게 전개되었고, 이를 바탕으로 중국 내 한국학 연구의 선두주자로 위상을 드높였다.

제3단계는 1992년 한중수교가 이루어지고 한중관계의 급속한 발전에 따라, 상호 이해증진과 교류 활성화를 목표로 중국 내에서 한국학 열기가 뜨겁게 달아올랐다. 특히 1996년 연변대학교, 연변의학원, 연변농학원, 연변사범학원, 연변예술학원, 연변과학기술대학 등 6개 대학이 연변대학교란 이름으로 합병되면서 새로운 발전과 도약의 전기를 마련했다. 연변대학교는 교육부와 길림성에서 함께 건설하는 대학으로, 서부대학교 건설 대상으로, 211공정프로젝트에 선정되면서 새로운 도약의 기회를 잡았다.

연변대학교의 한국학 연구도 인문·사회과학을 아우르는 보다 광범위한 영역에서 심도 있게 추진할 수 있게 되었다. 연변대학교는 그 동안 구축하여 온 한국학 중심의 교육·연구체계를 바탕으로 중국 내 한국학 연구의 본산으로 거듭났다. 그 동안 연변대학교가 한국학 연구에서 취득한 성과를 살펴보면 아래와 같다.

첫째, 한국학 관련 교육 인프라가 체계적으로 구축되었다. 연변대학교는 오랫동안 노력과 집중 육성을 통해 이미 재학생 26,000여 명(조선족 학생 40%) 규모로 한민족의 특색이 짙은 종합대학으로 성장했다. 인문·사회 과학 분야 전임강사 이상 교수가 631명, 한국학 관련 연구를 수행하고 있는 인력이 무려 300명에 달한다.

한국학대학(언어·문학)[5]과 한국사 중심의 역사학과는 중국에서 가장 처음으로 학부 전공 설치 및 석·박사 학위 수여권을 획득하면서 중국에서 유일하게 완벽한 한국학 교육체계를 확립했다. 한국학 관련 교육은 문·사·철을 중심으로 점차 사회과학 분야로 교육연구의 지평을 확장해 가고 있다. 인문·사회과학 분야를 아울러 학부과정은 106개 한국학 관련 강좌를, 석사과정은 68개, 박사과정은 31개의 한국학 관련 강좌를 개설했다. 언어문학과 역사학 부문에는 7개 박사학위과정 세부전공이 설치되어 있다. 인문학을 비롯하여 법학, 경제학, 정치학, 민족학 등 다양한 전공분야에 26개의 한국학 관련 석사과정 세부전공이 운영되고 있다. 그 외 현재 연변대학교가 설립한 조선한국연구센터는

5) 한국학대학의 명칭은 「조선-한국학학원」이다. 2002년 1월 23일 중국 교육부에서 「아시아아프리카언어문학학과(亞非言語文學科-朝鮮語言文學學科)」를 국가중점 학과로 선정하였다.

중국 유일의 한국학 관련 국가급 중점연구기관이다.

둘째, 한국학 관련 전문 인력을 양성하는 기관으로 거듭났다. 연변대학교는 지금까지 21,000여 명에 달하는 전문 인력을 배출했다. 지방정부에서 중앙정부에 이르기까지 정·산·학계 뛰어난 인재들을 육성했다. 특히 중국 한국학계의 거목이라 할 수 있는 정판룡, 주홍성, 박창욱, 박진석, 이득춘, 박문일, 강맹산 등 석학들이 구심점을 이루어 중국 내 한국학 분야 전문 인력들을 양성하는 데 중요한 기여를 했다. 현재 북경대, 북경외대, 복단대, 상해외대, 남경대, 청도해양대, 산동대, 절강대 등 중국 내 주요 한국학 연구기관들에는 연변대학교를 졸업한 한국학 전문 인재들이 중견역량으로 활약하고 있다. 한중 수교 이후 중국 내 한국학 교육·연구기관들이 급속도로 증가할 수 있었던 것은 연변대학교가 배출한 전문 인력들이 중요한 역할을 했기 때문이다.

셋째, 한국학 관련 풍성한 연구 성과를 취득했다. 연변대학교 사회과학연구지원처 집계에 따르면, 2005년부터 2014년 현재까지 약 10년간 연변대학교 학자들이 참여하여 출판한 한국학 관련 학술저서, 교과서, 지식백과 도서工具书[6]가 650여 편에 달한다.[7] 뿐만 아니라, 2000년부터 2014년까지 15년 동안 연변대학교 학자들이 중국에서 발표한 한국학 관련 논문은 1,226편, 석박사 대학원 학위논문은 1,452편(박사논문 96편)에 달했다.[8] 상기 통계를 통하여 알 수 있듯이 연변대학교에서는 인문·사회과학을 아우르는 수많은 한국학 관련 전공자들을 양성했다.

6) 조사·연구 등의 참고가 되는 사전·자전·색인·연표·연감·백과전서 따위의 서적이다.

7) 시리즈형 연구총서를 중복합산한 결과이다.

8) 이는 중국 최대 학술논문 검색사이트인 "中国知网"(www.cnik.net)을 통해 검색한 결과를 토대로 한국학 관련 연구만 색출했다. 연변대 학자들의 연구논문 중 해외 학회지들에 발표된 연구논문은 반영되지 않았다.

넷째, 학문적 교류를 매개로 중국내 한국학 발전을 선도하고 있다. 중국정부가 유일하게 인정하고 있는 한국학 관련 사단법인단체, 즉 '중국 조선·한국어학회'와 '중국 조선·한국사학회' 모두가 연변대학교에 의해 주도되고 있다. 중국 조선·한국어학회는 1981년에 중국조선어학회라는 이름으로 설립되어 현재까지 중국 전체에서 약 200명이 회원으로 함께하고 있다. 중국에서 유일하게 한국어 확산 및 교육연구를 목적으로 하는 학술단체이다. 설립 이후 현재까지 동 학회는 약 110편의 학술저서를 발간, 통산 17차례의 전국규모 학술대회를 개최했다. 연변대학교가 주도하는 중국 조선·한국사학회는 1979년에 설립되었다. 중국에서 유일하게 한국사 연구를 중심으로 설립된 단체이다. 2016년 6월까지 조선·한국사연구논총 17권을 출판했고, 해마다 북경대, 중국사회과학원, 복단대 등과 함께 연례학술대회를 개최한다. 현재 동 학회는 중국 내 국별사 연구 국가 1급 학술단체 중 활동과 성과에서 가장 뛰어난 단체로 평가받는다.[9] 상기 두 단체 모두 중국 한국학 지평의 확대, 중국과 한반도 간의 학술교류 강화 등을 통해 궁극적으로 동아시아 문명의 정체성을 밝히고 양 지역 우의를 증진시키는데 그 일차적 목표를 두고 있다.

또한 연변대학교는 특유한 인문·지리적 우세를 빌어 한중 학술교류의 매개 역할을 맡아왔다. 연변대학교는 한국 내 일류의 학술기관 및 학자들과 빈번한 교류를 통해 중국의 한국학 질적 수준을 높이기 위해 노력했고, 이러한 성과들을 중국 학계에 적극적으로 확산시키는데 열중했다. 이러한 공로가 인정되어 연변대학교의 최윤갑 교수는 대한민국 대통령상을, 정판룡·박문일·김병민 총장은 KBS 해외동포상을, 이득춘 교수는 총리상을, 김병민 교수는 용재학술상을 각각 수상한 바 있다.

9) 石源华,「中韩建交二十年来中国韩国学现状及发展」,『当代韩国』2012-3.

연변대학교는 한국학을 매개로 남북 학계의 가교 역할도 수행해왔다. 특히 북-중-러 삼국의 접경 지역에 위치해 있다는 특성을 충분히 살려 두만강 지역의 정치·경제·문화 전반의 문제를 다원공존의 시각에서 접근하면서 남북학계의 만남의 장, 동북아시아 지역의 화해와 협력을 모색하는 두만강포럼을 개최했다. 두만강포럼은 2008년부터 매년 개최되고 있다. 중국, 조선, 한국, 일본, 미국, 러시아와 몽골 등 나라의 학자들이 두만강 포럼에 대거 참석함으로써 국제적 위상이 날로 갈수록 높아졌고, 한국학의 발전과 민족공동체 구축과 동북아시아의 평화와 번영을 도모하는 학문의 장으로 거듭나고 있다. 앞으로 두만강 지역의 교류와 합작, 소통과 이해, 평화와 번영을 지상 과제로 하는 포럼으로 성장하리라 믿어 의심치 않는다.

여기에 연변대학교는 2007년부터 중국 내 한국학 연구에서 최고의 권위를 자랑하는 '와룡학술상'을 제정하여 중국의 한국학 연구를 위해 지대한 공헌을 한 학자들에게 수여하고 있다. 2017년까지 31명에 달하는 중국의 한국학 연구 각 분야에서 최고 석학들이 이 상을 수상하는 영예를 안았다. 와룡학술상은 중국 내 한국학 연구의 위상을 격상시키고, 한국학 연구자들의 자긍심을 불러일으키며, 한국학 연구의 명예의 전당으로 거듭나는 데 크게 기여하고 있다.

4. 중국의 한국학 연구에서 연변대학교가 차지하는 위상

2015년 현재 연변대학교 교직원 수는 총 3,000여 명에 달한다. 이중 인문·사회과학 분야 전임강사 이상 교수는 총 631명, 한중 두 개 언어가 가능한 조선족 교수는 432명(68.5%)이다. 한족 교수들을 포함하여 한국학 교육 또는 관련 연구에 종사하는 전임교수 수는 298명에 이른다(47.2%).[10] 지난 15년 간 연변대는 한국학중앙연구원, 서울대학교, 고려대학교 등 한국 30여 개 우수 대학들에서 박사학위를 수여받은 전문 인재 99명을 교수로 임용했고, 북한 사회과학원과 김일성종합대학에 젊은 인재 8명을 파견하여 역사·어학 등 분야 박사학위를 전공케 하는 등 한국학 발전을 위한 기본 토대를 마련하고자 노력했다.[11]

연변대학교는 한국학 박사학위 수여자격을 가진 중국 7개 대학 가운데 하나이다. 한국학대학과 역사학과를 포함하여 학부전공과 석박사 세부전공 등에 통산 260개 내외의 한국학 관련 전공 과목들이 개설되어 있다. 이를 토대로 한국학 관련 '중국인문사회과학연구기금' 프로젝트 85개 항목 중(2000~2014) 약 30%(25건)가 연변대학교 학자들에 의해 수주되었다. 특히 김병민 교수가 이끄는 연구팀은 2016년에 '중한 근현대 문학 교류사 문헌 정리와 연구中韓近現代史文學交流史文獻整理與研究'란 주제로 국가 사회과학기금 중대 항목을, 박찬규 교수가 이끄는 연구팀은 '고구려 발해 국가 사회과학 중대 전문 과제高句麗渤海國家社會科學重大專項課題'와 '조선반도 고구려 유적 및 저술 정리와 연구朝鮮半島高句麗遺存及著述整理與研究'는 교육부 철학사회과학연구 중대 과제 협동연구 항목教育部哲學社會科學研究重大課題攻關項目을 수주하는 쾌거를 이뤘다. 한국학 연구를 주제로 최고를 자랑하는 국가급 대형 연구 프로젝트이다. 연변대학교를 비롯하여 중국 내 유명 대학교의 한국학 연구자들이 대거 상기 프로젝트에 참여하고 있다. 상기 성과는 모두 연변대학교가 그동안 한국학 연구에서 쌓아온 학문적 기반이 있었기 때문에 가능했다고 할 수 있다.

10) 이는 순수 한반도에 관련된 연구를 진행하고 있는 학자들에 한한 것이다. 지역 특성 상 민족공동체 사회·경제·문화 등을 연구하는 학자들을 포함하면 그 비중은 훨씬 높아진다.

11) 연변대학 본부 인사관리처에서 제공한 자료 인용(2015년 1월 1일 기준).

2018년 현재 연변대학교에는 한국학 관련 연구소들이 대거 포진해 있다. 국가급 연구센터들로는 교육부 산하 조선·한국연구센터, 국가민족위원회 산하 중국조선어 문자정보화센터와 한중 이중언어 인재양성센터, 문화부와 연변대가 공동주관하는 중국조선족문화예술연구센터 등이 있다. 길림성 교육청 산하 연구기관들로는 발해문화연구센터, 조선족문화연구센터, 민족연구원 등 연구기관들이 포함된다. 그 중에서도 교육부 산하 100대 인문사회과학중점연구센터 중 하나인 조선·한국연구센터는 한국학 발전을 선도하는 주요 교육·연구기관으로 갈수록 그 영향력이 확대되고 있다. 2014년 기구개편을 통해 대학 내 주요 연구소들을 통폐합하여 조선·한국연구센터 산하에 한반도 국제문제연구소, 경제연구소, 법학연구소, 역사연구소, 비교문화연구소 등 5개 연구소들을 설립했다. 조선·한국학연구센터는 현재 학술연구, 사회봉사(정책자문), 인재양성, 학술교류, 학과건설 등 측면에서 중국내 일류의 한국학 연구기관으로 거듭나겠다는 목표를 달성하기 위해 매진하고 있다.

연변대학교는 현재 중국 내 유일하게 한국학 발전을 대학 핵심경쟁력Core Competence 향상의 중요 영역으로 간주한다. 핵심경쟁력이란 일반적으로 대학교가 자체 특유의 우세를 기반으로 선택과 집중의 원칙하에 대학 경영이념, 인적자원, 조직관리, 대학문화 등 요소들을 통합 활용하여 타 대학이 모방할 수 없는, 특유의 지적 가치를 지속적으로 창출해내는 능력을 가리킨다. 2014년 현재 중국에는 2,200여 개의 4년제 대학(사립대 포함)들이 설립되어 있다. 시장경제체제 심화와 더불어 중국의 대학교들도 나름대로의 영역에서 생존하기 위해 치열하게 경쟁하고 있다. 이에 따라 대학 핵심경쟁력 제고는 각 대학 운영전략에서 중요 과제로 떠오른다. 연변대학교는 소수민족 지역에 위치한 일반대학으로 기타 중점대학들과 비교할 때 종합경쟁력 측면에서 차이가 존재하는 것은 분명하다. 그러나 대학 특유의 인문·지리적 요소와 갈수록 증대되는 사회적 수요를 함께 고려할 경우, 적어도 한국학 분야에서는 타 대학들이 모방할 수 없는 특유의 전통적 우세를 갖고 있는 것 또한 사실이다. 최근 들어 연변대학은 학과건설, 인재양성, 과학연구, 사회봉사, 조직관리, 대학문화 등 다양한 요소들에 대한 전략적 통합을 거쳐 한국학을 브랜드로 대학 핵심경쟁력을 키워가겠다는 야심찬 목표를 세우고 있다. 이를 위해 2014년 대학 내 기구개편을 통해 한국학 교육·연구에 목적을 둔 국제대학원을 신설하고, 한중 2개 언어 구사 능력, 학업성적, 학문성실도 등에 기준하여 석사대학원생을 모집한다. 중국 유일의 교육부 직속 조선·한국연구센터가 그 축에 놓여 있으며, 학술연구, 정책자문, 인재양성, 학술교류 및 학과건설 등 분야에서 중국 내 일류의 한국학 교육·연구체계를 구성하는 것이 동 기관의 주요 사업목표다. 이를 토대로 국제대학원을 인문·사회과학을 아우르는 단과대학 성격의, 중국 최고 수준의 한국학 교육·연구기관을 설립해 나가겠다는 것이 연변대학교의 기본 구상이다.

연변대학교는 중국 조선족 공동체를 지키는 최후의 보루이다. 그동안 재중한인사회는 한중 양 문화체계를 초월하는 다문화적 우세를 바탕으로 양 지역 간 밀접한 경제, 문화적 교류에서 중요한 매개적 역할을 해왔다. 따라서 한국에서도 재중한인사회를 중요한 '사회적 자본'으로 간주한다. 그러나 개방시대의 도래와 더불어 전통 민족공동체 '공동화'라는 역설적 상황이 초래되면서 공동체 해체 위기가 심화되고 있다. 오로지 민족문화에 친화력을 가진 다양한 학문분야 전문 인력들이 공통된 발전지향적 패러다임을 형성해야만 민족공동체는 존속 가능하다. 이런 맥락에서 중국 조선족공동체를 지탱하는 사회 리더 또는 전문 인재들이 주로 연변대학교에 의해 양성, 충원되고 있음에 주목해야 한다. 즉 연변대학교에서 한국문화에 친화력을 가진 민족인재들을 지속적으로 양산해 내야만 중국 조선족 공동체는 존속·발전이 가능하다는 것이다.

연변대학교는 남북한, 한중을 초월하여 궁극적으로 한반도 통일기반 확보, 한반도와 중국 간의 학문적 소통을 매개할 수 있는 중국 유일의 대학교이다. 연변대학교는 설립초기부터 북한 학계와 밀접한 교류를 유지했다. 특히 김일성종합대학, 조선사회과학연구원 등 유수 대학들과 언어학, 문학, 고대사, 철학, 고고학 등 인문학 영역에서의 학술적 교류를 활발히 전개해왔다. 한중 간의 학술교류는 한중수교 이후 기하급수적으로 발전해 왔다. 다양한 학문단체들과 학술회의 중심의 학술교류가 빈번하게 이루어지고 있고, 연변대학교 신진연구 인력의 한국연수도 정기적으로 추진되고 있다. 2014년 현재 연변대학교 한국학 연구역량 중 한국에서 박사학위를 취득한 전임 연구 인력이 99명에 이른다. 뿐만 아니라 2014년부터는 도올 김용옥, 백영서, 이서행 등 한국학 석학들이 연변대학교에 따뜻한 애정을 갖고 국제대학원을 상대로 2~3개월씩 정규강의를 지원함으로써 대학원생 및 교수들이 한국학 이해를 깊이 하는 데 중요한 기여를 했다. 이러한 우세를 토대로 연변대학교는 여전히 중국 한국학 발전의 구심점 역할을 하고 있다. 예컨대 중국 내 유일하게 존재하는 전국규모 한국학 학술단체인 중국한국어학회와 중국한국사학회가 그 본거지를 연변대학교에 두고 있으며, 연변대학교의 석학들이 줄곧 학회장을 맡았다. 상기 학회는 연변대학교가 양성해 낸 한국학 전문가들을 토대로 중국 내 한국학 학술단체들과 탄탄한 인적네트워크를 형성하고 있으며, 저서 및 학회지 출간, 연례회의 개최 등을 주도하면서 중국의 한국학 발전을 위하여 동력을 제공하고 있다.

연변대학교를 중국학계의 (중심이 아닌) 주변부에 위치해 있다고 평가하는 이들도 있다. 주류 학계를 의식하고 보았을 때, 이는 맞는 말이다. 그러나 연변대학교를 중국과 한반도 간 상호관계의 측면에서 살펴보면, 그 위상이 완전히 다르다고 할 수 있다. 연변대학교는 실제로 중국학계와 한반도 한국학의 접합점에 놓여 있다. 주변적 개념보다는 서로 다른 체계가 접촉하거나 의사소통하는 지점, 즉 경계면interface에 놓여 있다. 한반도와 중국을 초월하며 다문화적 기능을 갖고 있는 연변대학교가 양 지역 학계 간에 상호 정서적 교류, 역동적 상호작용, 인지·행동들이 전개되는 인문 공간으로 역할하고 있다. 즉 한국학 중심으로 한중 양 학계에 공동으로 존재하는 편협적 또는 주관적 경향들 간에서 균형을 잡고, 상대방에 내재한 현실적 본질들을 보다 정확하게 이해하도록 하는 다문화적 기능을 지닌 연변대학교가 보다 적극적인 역할을 할 수 있다는 점이다. 남북 학술단체들 간에 존재하는 이념적 차이와 수많은 알력을 감내하면서도 지난 15년간 남·북·중 3자 중심의 국제학술대회를 개최해왔고, 최근에는 남북학계와 중국 청화대학 등과 손잡고 '위안부 문제 국제학술 토론회', '동아시아공동체 문화연구 토론회' 등을 주최해 나가고 있는 이유도 바로 여기에 있다.

중국의 개혁개방과 국제화 시대, 지식정보화 시대, 새로운 문명시대가 도래하고 있는 현 시점에서 연변대학교의 한국학 연구가 새로운 도전에 직면한 것도 사실이다. 그러므로 한국학의 질적 발전, 차세대 전문 인력 양성, 학문적 교류를 통한 대외 인지도 향상 등이 해결해야 할 과제라고 하겠다. 연변대학교는 '국내 최고 수준의 한국학 교육·연구체계 구축'을 목표로, 한국학을 하나의 브랜드로, 한국학을 중심으로 하는 일류대학교와 일류학과 건설에 매진하는 새로운 출발선상에 서있다.

5. 맺음말

연변대학교는 중국 조선족의 최고 학부이다. 70성상에 가까운 간고한 창업과 건설을 거쳐, 특히는 한국학 연구를 핵심 경쟁력으로 하여 중국에서 야심차게 추진하고 있는 일류대학교(42개)와 일류학과(137개) 건설 자격을 획득한 대학교로 자리매김했다. 이제는 한국학 연구를 바탕으로 비상을 시작하는 새로운 역사 시기에 진입했다.

연변대학교의 한국학 연구는 조선족 학자가 주체가 되어 언어적, 민족적, 지역적 우세를 충분히 활용하면서 추진되었다. 조선족 학자들의 한국학 연구에는 고국의 역사와 문화에 대한 애정이 스며있다. 다른 민족학자들은 가질 수 없는 특유한 감정이라 하겠다. 그리고 중국이라는 학문적인 배경에서 남북한을 초월한 제3자의 입장 혹은 보다 객관적인 입장에서 한중을 아우르는 연구 시각과 연구 영역 개척도 가능했다. 연변대학교의 한국학 연구가 추구하는 궁극적인 목표는 한국을 발견하고, 한국의 가치와 지혜를 가다듬는 작업이다. 그리고 그것을 인류의 지혜로 받아들일 수 있는 작업으로 격상시키고, 서로 간의 이해와 소통을 추진하여 인류의 평화와 번영을 이룩하는 데 목적을 둔다.

이를 위해 향후 언어, 문학, 역사, 철학, 경제 등 여러 영역에서 이미 구축한 학술자원을 동원하여 학제 간의 공동연구를 추진하고, 학술 시야를 넓혀 나가며, 연구영역을 확대하고, 다양한 연구 방법론을 개발하여 깊이와 무게가 있는 과학적인 한국학 연구를 추진하고자 한다.

작금의 상황은 한국학 연구와 교류를 매개로 '화이부동和而不同'의 원칙하에 서로 다른 연구 시각과 방법 그리고 사상과 이념이 한데 어울려 조화롭게 교류할 수 있는 장을 마련하고, 이를 바탕으로 한반도 통일 기반 구축, 동북아 지역 평화와 번영에 기여하는 것을 과제로 부여하고 있다. 연변대학교에서 매년 개최하는 여러 국제 학술대회와 두만강포럼은 지금까지 해온 바와 마찬가지로, 상기 소임을 충실히 감당할 수 있는 터전이라고 생각한다.

동북아 다이멘션 연구총서 1

해외 한국학 연구의 현황과 전망
-몽골, 중국, 러시아, 일본-

초판 인쇄 | 2019년 6월 23일
초판 발행 | 2019년 6월 30일

지 은 이 원광대학교 한중관계연구원 동북아시아인문사회연구소 편
발 행 인 한정희
발 행 처 경인문화사
편 집 김지선 한명진 유지혜 박지현 한주연
마 케 팅 전병관 하재일 유인순
출판번호 406-1973-000003호
주 소 파주시 회동길 445-1 경인빌딩 B동 4층
전 화 031-955-9300 팩 스 031-955-9310
홈페이지 www.kyunginp.co.kr
이 메 일 kyungin@kyunginp.co.kr

ISBN 978-89-499-4822-5 94910
978-89-499-4821-8 (세트)
값 22,000원